稀見筆記叢刊

疑耀

[明] 張萱 編

欒保群 點校

文物出版社

圖書在版編目（CIP）數據

疑耀 / （明）張萱撰；欒保群點校. —北京 ：文物出版社，2019. 8

（稀見筆記叢刊）

ISBN 978 – 7 – 5010 – 6180 – 8

Ⅰ. ①疑…　Ⅱ. ①張…　②欒…　Ⅲ. ①筆記 – 中國 – 明代 – 選集　Ⅳ. Z429. 48

中國版本圖書館 CIP 數據核字（2019）第 118817 號

疑　耀　［明］張萱　撰　　欒保群　點校

責任編輯： 李縉雲　劉永海
封面設計： 程星濤
責任印製： 陳　傑
出版發行： 文物出版社
地址：北京市東直門内北小街 2 號樓　郵編：100007
網站：http://www.wenwu.com　郵箱：web@wenwu.com
印　　刷： 北京京都六環印刷廠
經　　銷： 新華書店
開　　本： 880mm × 1230mm　1/32
印　　張： 9. 5
版　　次： 2019 年 8 月第 1 版
2019 年 8 月第 1 次印刷
書　　號： ISBN 978 – 7 – 5010 – 6180 – 8
定　　價： 48. 00 圓

出版説明

如果模仿一下出版界的一種宣傳時尚，《疑耀》也可以稱爲『奇書』了，但其『奇』乃在於它刊刻行世的曲折詭異。

書的作者是明代嶺南人張萱，但出版時所署的名字却是赫赫有名的『卓吾老子』李贄。書前的一篇署名張萱的序文，歷述自己負笈數千里，跑來投到李卓吾門下受業。大約很得老師器重，有一天，李卓吾取出一編手稿，『屬以訂正』。張萱接了過來，從此便當成枕中之寶，但後來覺得這樣的好書怎能秘不示人呢，便在『戊申歲』即萬曆三十六年（一六〇八），趁着在蘇州作官的機會，刻印了出來。這位『張萱』在序中向讀者保證這是一部奇書：『余知是編之行也，王充之《論衡》讓其確，應劭之《風俗通》讓其典，班固之《白虎通》讓其辯，蔡邕之《獨斷》讓其閎』。萬曆三十六年，距被冒名的作者李卓吾自盡於獄中已經有六七年了。

以上情節見於本書末所附《疑耀》『原序』。現在我們印在卷首的張萱之『序』則作於二十年後的崇禎元年（一六二八）。這篇『自序』否認自己是李贄的學生，而且特別申明，自己一向瞧不上這個『李禿』。《疑耀》的最初版本是萬曆三十六年自己在蘇州分司榷務時，在焦竑、黄汝亨二位幫助下刻印的。當時雖然成稿二十七卷，但後面的二十卷感覺還須修訂，正好榷關任滿得代，便只刻了七卷就奉母還鄉了。直到天啟七年（一六二七），他才從友人信中得知，蘇州出現了盜印本，而且署名變成了『李贄』。到了次年，張萱有事到廣州，在友人李果卿家見到盜印本，而且盜印者還請人冒着自己的名作了篇序。於是張萱就在盜印本前寫了一篇文字，以澄清事實。這篇文字在清咸豐年間伍崇曜重刻《疑耀》時署爲『新序』，以區别盜印本的『僞序』，而我們這次排印整理本，就當成張萱的『自序』冠於卷首了。

張萱是《疑耀》的作者自然没有問題，但此事還是有一些不可解處。張萱在萬曆三十六年刻印《疑耀》，當時是『頗行於世，海内知交往往貽書見索』了，可是到天啓七年，還不足二十年的時間，蘇州的無良書商便公然盜刻，硬生生把作者之名改成李贄，却又讓『張萱』替李卓吾作了假序。奇怪的是，曾經『頗行於世』的原刻似乎全部没了蹤影，而且蘇州的讀書人也失去了記憶，從此之後，《疑耀》的作者就是李贄，與張萱一點兒關係也没有了。張萱面對盜版很是大度，除了向毫無關係的李卓吾發泄脾氣以『劃清界限』之外，對盜版者不怒反喜，頗有知遇的感激：『讀此書者能不以人廢言，今獲借他人以行於世，豈非此書之大幸耶？』但他想不到，明末署李贄之名的即是『禁書』，而禁書便能得以暢銷，到了清朝，李贄的書封禁如舊，而江南的書商却没有了印禁書的膽量了。張萱早已於崇禎九年（一六三六）以八十餘歲的高齡辭世，《疑耀》衹能帶着李贄的署名而被封殺。此後雖有屈大均在《廣東新語》、王士禎在《古夫于亭雜録》中對李贄的作者身份表示過懷疑，但也無濟於事。直到一百五十年後，乾隆時修《四庫全書》，《疑耀》作者的問題才由官方予以『落實』，以張萱署名的《疑耀》被收入《四庫》的『子部雜家類』。

張萱字孟奇，號九岳，别號西園。廣東博羅人。約生於嘉靖三十二年（一五五三），而卒於崇禎九年（一六三六）。萬曆十年（一五八二）舉於鄉。萬曆二十六年（一五九八）任職内閣制敕房中書舍人，得窺秘閣藏書。萬曆三十六年（一六〇八）官户部主事，分司蘇州滸墅關榷務，三十八年受代，陞户部郎中，不就職，離任即奉母回鄉。此後居家二十五年，以讀書著述爲樂，雖有徵聘，未再出仕。張萱自述所撰除《疑耀》四十餘卷外，尚有《彙雅》二十卷，《西園彙經》一百二十卷，《西園彙史》二百卷，《西園史餘》二百卷，《西園類林》五百卷，《西園聞見録》一百二十卷，《西園古文》六卷，《西園古韻》十卷。其中得到刊印的約有半數，但最爲讀書人愛讀的《疑耀》可惜在七卷之外没有再刻。

張萱没有對《疑耀》這書名做任何解釋，猜測其意，所謂『疑』就是讀書之疑，而『耀』則意爲發光，聯綴起來，大概是對讀書中所遇到的疑惑暗昧之處試圖開釋明白吧。好讀書而不冒從，祇要有迷惑不解之處，就敢於提出疑問，邁出這一步就是對抱守帖括的文奴思維的突破，已經難能可貴了。至於對疑惑的破解發明，那就要憑自己的學問見識了。《四庫》館臣説『是編考証故實，循循有法，雖間倡儒佛歸一之説，其言亦謹而不肆』，在明人著作中算是較高評價了。另外，就憑《疑耀》能冒着李卓吾的名字在知識界流布，使不明底細的人深信不疑，説明它總有與李卓吾相通之處。儘管張萱一嘴一個『李秃』地『大不敬』，但他的懷疑精神未必不受李贄的影響；雖然張萱不能接受李贄離經叛道的思想解放境界，但也不妨礙他在自己的認知水平上發表卓越的異見。萬曆年間，有張燧者編撰了一本《千百年眼》，專門從唐宋以至當代的學人著作中挖掘對歷史的新奇見解。入清之後，此書被禁，《四庫》更列入《禁燬書目》。張燧對當代學人兼取李贄與張萱，從《疑耀》（此時尚署名張萱）中採收了近二十條，由此也可以看出《疑耀》確有它的學術價值。

本次對《疑耀》的整理，是以文淵閣《四庫全書》本爲底本，以《叢書集成初編》排印的《嶺南遺書》本參校。失誤之處，敬請讀者指正。

校點者

四庫全書總目提要

臣等謹案，《疑耀》七卷，舊本題明李贄撰。贄有《九正易因》，已著録。是編前有張萱序，稱「負笈數千里，修謁其門，迺裒一編見示，屬以訂正。戊申歲，以地官郎分務吴會，登梓以傳」云云。案贄恃才妄誕，敢以邪説誣民，所作《藏書》至謂「毋以孔夫子之是非是非我」，其他著作，無一非狂悖之詞。而是編考証故實，循循有法，雖間倡儒佛歸一之説，其言亦謹而不肆。至云儒不必援佛，佛不必援儒，又云經典出六朝人潤色，非其本真，且與贄論相反，斷乎不出其手。王士禎《古夫于亭雜録》云：「家有《疑耀》一書，凡七卷，乃李贄所著，而其門人張萱序刻者。余嘗疑爲萱自纂而嫁名於贄，以中數有『校秘閣書』及『修玉牒』等語，萱嘗爲中書舍人，纂《文淵閣書目》，而贄未嘗一官禁近也。及觀論温公一條中云『余鄉海忠介』，益信不疑」云云。今因士禎之説而考之。《奉朝請》一條云「余今將五十矣，始爲尚書郎」，是萱官户部時語，贄亦未嘗官六曹也。《蘭香》一條云「此法在宋已有之，自吾廣始」，《蘇東坡》一條云

「東坡寓吾惠最久」，《文天祥》一條云「文璧蓋守余惠州而以城降元者」，是皆廣東人語，與萱之鄉貫相合。贄本閩人，無由作此語也。知此書確出於萱，士禎所言爲不謬。蓋以萬曆中贄名最盛，託贄以行，而其中删除不盡者，尚有此數條耳。周亮工《書影》稱贄《四書第一評》《第二評》，皆葉不夜所僞撰，知當時常有是事也。其書多由記憶而成，如《文彦博僞帖》不知爲《玉照新志》所載石蒼舒事，《翡翠屑金》不知爲歐陽修《歸田録》語，謂沈約「還家問鄉里，詎堪持作夫」二語爲白居易詩，謂《左傳》巫尫爲巫者名尫，皆失之疎舛。謂《本草》稱螬可療目，故陳仲子耳無聞，目無見，食螬李而即愈，又謂《本草》稱蓴鱸作羹，下氣止嘔，張翰在當時意氣鬱抑，遇事嘔逆，故思此味，尤穿鑿無理。然其他考証，乃往往有依據。舊以惡贄之故，併屏斥之，過也。今改題萱名，從其實焉。乾隆四十六年八月恭校上。

自序

三十年前，余爲《疑耀》凡二十七卷，蓋未卒之業也。歲戊申，分司吴關，焦太史竑、黄觀察汝亨讀而嗜之，遂相與爲序以授梓。時榷事已竣，得代，僅梓行七卷，余即奉先太安人還里，尚餘二十卷未授梓也。此七卷者頗行於世，海内知交往往貽書見索，謂二十卷當盡以梓行，既罷歸，耕鑿多暇，稍事繙閲，相次劄記，乃續十有餘卷，合舊稿當得四十餘卷。第舊二十三卷，年來又多割而歸於《西園史餘》，故此四十餘卷尚須整比，不欲遽災木耳。丁卯秋，郡大父[一]義興徐公，博物君子也，還吴，以書見詢：《疑耀》七卷，不知何人借爲閩秃李贄所著，亦大怪事。余疑信相半。戊辰初夏，余有事羊城，過友人李明府果卿，得《疑耀》閲之，徐公之言果不妄，謂余止校訂此書，復僞余譔一序，王伯穀書之，真大怪事也。第此輩殊自賣破綻，七卷中尚有數十處未盡改

〔一〕「父」，疑爲「夫」字之誤。

削，即三尺童子亦知爲嶺南張某所著，不待辨也。余因自幸嶺外老公車，一再仕輒令見放，讀此書者能不以人廢言，今獲借他人以行於世，豈非此書之大幸耶？嗟嗟！蜀才注《易》，李蜀書蜀才，范長生也，世以爲王輔嗣，博物如謝炅、夏侯該以爲譙周；服虔譔《通俗文》，阮孝緒以爲李虔，葛洪譔《西京雜記》，世以爲劉歆；韓退之表諫佛骨，世以爲侍郎馮宿代筆，又何怪余之《疑耀》借名李禿以行之也？余憶居西省日，禿以妖書株連繫詔獄，余偶偕同官好事者往覘之，禿輒長跪，頓顙數十，至破其額，余竊笑誰謂禿能佞佛耶？爾時余方一覿其面，輒唾地去。今僞爲余序者，乃謂余青衿時嘗負笈以從禿遊，一何誣也？余爲青衿，未嘗跬步出國門，禿自薙頂，即從七觀音居黄州，亦未嘗跬步涉五嶺，余何由負笈從之？一旦横罹此誣，豈以余亦嘗合掌於七觀音耶？況焦、黄二公皆禿文字交，往來甚密，余《疑耀》果出於禿，能不覰破而肯爲余曲筆否？余忖度之，二公爲余梓行《疑耀》七卷時，王百穀數欲爲余譔一序，以雁行二公，余匆匆未及應，聞之友人，百穀微有憾焉。又余嘗有微言，見於它籍，以禿所譔著業爲朝廷焚禁，而行怪者復盛行其書，可以觀世矣。此語久已落在人間，又以百穀亦余文字交，可以取信於人，故有此破綻伎倆耳。因念余前梓行之書，《道藏》中宋張君房所輯《雲笈七籤》一百二十卷，皆經摺，不便繙閱，秘閣中元戴侗《六書故》三十三卷，皆鈔本，未嘗公行，余皆梓而行之。今吴越間二書皆已覆鐫，去余名氏。第二書非出余之手，即名氏不存，又何間焉。若《彙雅》二十卷，則世人不能讀者，故世亦不能覆鐫，余之書行世而名氏幸留者，《彙雅》而已。今《疑耀》七卷外，尚有三十餘卷，及《西園彙經》一百二十卷，《西園彙史》二百卷，《西園史餘》二百卷，《西園類林》五百卷，《西園聞見録》一百二十卷，《西園古文》六卷，《西園古韻》十卷。今耄矣，姓名不復挂人齒頰，異日有好事者，盡以諸書災木，安知不皆爲蜀才《易》，爲《通俗文》，爲《西京雜記》，爲《諫佛骨表》乎？故復綴數語於七卷《疑耀》之簡端，非嘵嘵也，亦以自明西園公生平未嘗合掌七觀音而已。博羅張萱。

目録

疑耀卷四

疑耀卷五

疑耀卷六……一八九

疑耀卷七……二二九

疑耀卷一

孔子無鬚眉辨

先聖生有異質，凡四十九表。萇弘之所談，姑布子卿之所稱，老萊弟子之所識，荀卿、司馬遷之所述，亦云備矣，獨未及舌者。舌内藏，不得稱表也。緯書所載舌理七重，又鈎文在手，共四十九表，其言互異。至鬚與眉，則載記皆未之及。惟《祖庭纂要》謂孔子眉有十二采，《孔叢子》述子思之言，乃曰「先君生無鬚眉，天下王侯不以此損其敬」。何燕泉亦信然其説，謂先聖委無鬚眉，今世所傳先聖之像，頷頰間鬚髯甚盛，謂皆吴道玄誤筆也。第今闕里有《先聖行教》小圖，又一如吴道玄筆，豈先聖後人所傳亦可云誤筆耶？余按《左氏傳》魯昭公七年，孟僖子病，命其子學禮於孔子，其言曰：「聖人有明德者，若不當世，其後必有達人，今其將在孔丘乎？」孔子生魯襄公二十一年，至是年僅十有七耳，其爲當時尊敬如此。故《孔叢子》所云者，謂先聖雖少年未有眉鬚，時天下王侯亦皆起敬，不敢以爲稚幼而狎之，非真謂果無眉鬚也。按《方言》，東齊謂老曰眉。此言無鬚眉者，猶云未鬚而老也。若作眉毛之眉，則誤矣。夫無鬚尚可信，至於無眉，亦可信乎？

舜有兄妹

舜弟曰象，或云隨母嫁瞽瞍者，未知是否，然人皆知舜有弟象，而不知其有兄與妹也。《尸子》曰：「舜事親養兄，爲天下法。」是舜有兄，但逸其名耳。許氏《説文》：「畫嫘，舜妹嫘，或作媒，《史・正義》作顆，又作繫。畫始於嫘，故曰畫嫘。」《列女傳》「舜女弟繫，與二嫂諧」是也。故或云瞽瞍與象欲殺舜，其妹嫘每爲之解，故舜得免，但不知其與舜同母否。又按《世本》曰：黄帝之臣史皇，善圖畫，則畫又非始於舜妹矣。《事物紀原》引《周穆王傳》「穆王時，其臣封膜始作畫」者，誤也。唐張彦遠《歷代名畫記》、郭若虚《圖畫見聞志》、鄧椿《畫（記）［繼］》、又《畫（紀）［繼］補遺》、陳德輝《續畫（紀）［記］》、米芾《畫史》、湯君載《畫鑒》、夏文彦《畫評》諸書，皆詳畫所自始，然亦皆止言有虞作畫，而不知作畫者舜妹嫘也，故詳著之。

生子無功

晉元帝生子，普賜羣臣。殷羡謝曰：「臣無勳，猥蒙頒賚。」帝笑曰：「此事豈可使卿有勳？」《苕溪漁隱》又載：南唐時，宫中賜洗兒果，有近臣謝表云：「猥蒙寵數，深媿無功。」李主曰：「此事卿安得有功？」何前後人之紕繆相合如此？

姣童

司馬温公家一僕，三十年止稱「君實」。許魯齋在中書日，欲買一僕，牙儈以能應對嫻禮節者進，輒謝去，最後得蓬首垢面愚騃者，乃用之。或詰其故，許曰：「聰明過我，我反爲其所使矣。」旨哉斯言！余見衣冠家畜姣童，如龍陽、秦宫輩，非惟能役使主人，且往往能滋物議，乃知魯齋之言非欺我也。余性絶不喜此輩，交遊中嘗以爲訝，余曰：「許魯齋聰明人，尚恐爲奴僕聰明者所役，余愚騃人也，能堪其役使乎？」

誤躬作弓

漢陳寔，字仲弓。余嘗疑之，漢人名、字皆相合，以弓字寔，有何意義？及讀洪适《隸釋》載寔壇碑，君諱寔，字仲躬，乃了然，始知諸書皆誤作弓。第洪氏又謂躬乃借作弓字用，又何誤也。

書籍板行

上古書籍皆編竹爲簡，以韋貫之，用漆作書，簡袠浩重，不便提挈。自有製紙筆及墨者，乃易去竹簡，誠爲便易。然皆寫本，亦未有刻板印行也。後唐明宗長興二年，宰相馮道、李愚請令刊《九經》，國子監田敏校正。又毋昭裔貧時，嘗借《文選》於交遊，其人有難色。昭裔發憤曰：「異日若貴，當版鏤之以遺學者。」後仕孟蜀，爲宰相，遂踐其言，又以石鏤《九經》於成都。是印行書籍，始之者後唐，繼之者孟蜀也。葉夢得曰：「書籍未印行之先，人以藏書爲貴，書雖不多，而藏者精於讐對，故往往皆有善本。學者以傳録之難，故誦讀亦精詳。」蘇東坡作《李公擇山房藏書記》，亦謂「少時嘗見前輩欲求《史記》《漢書》不可得，幸得之，皆手自書，日夜誦讀，惟恐不及。近市人轉相摹刻諸子百家之書，日傳萬紙。學者於書既多且易致如此，其文辭學術當倍蓰昔人，而今乃不然者，豈非多而難精耶？」二公之言，誠中時弊。

高皇帝像

先大夫令滇時，從黔國邸中模高皇御容，龍形虬髯，左臉有十二黑子，其狀甚奇，與世俗所傳相同，似爲真矣。余直西省，始得内府所藏高、成二祖御容，高皇帝乃美丈夫也，鬚髯皆如銀絲可數，不甚修，無所謂龍形虬髯十二黑子也；成祖則有豹額環眼之狀，若聳其肩，兩髭横分，鬚長裹臍；皆翼善冠，衣緑，不正立，頗與二后若相對意。至二后，則以紙蒙之，不敢啟云。

許由

張茂先《博物志》稱：司馬遷云無堯讓許由事，揚子雲亦云誇大者爲之。《高士傳》：堯召許由爲九州長。則知莊周謂堯以天下讓者，乃文飾過當耳，而雄遂以爲全無許由。故楊誠齋有詩云：「子雲到老不曉事，不信人間有許由。」余謂雄非不信有許由也，許由當堯之時，尚不屑爲九州長，而揚雄當王莽之時，乃以莽大夫終，其不信有許由也，欲以自掩也。

五霸

霸之有五，《春秋傳》皆謂齊桓、晉文、秦穆、宋襄、楚莊，而《孟子》止言齊桓、晉文，不言其三，故有以宋襄何足言霸，秦穆、楚莊本皆夷狄，皆不足稱霸，而以夏之昆吾、商之大彭、豕韋與齊桓、晉文爲五者。何燕泉亦從其説。余謂不然。《孟子》曰：「五霸者，三王之罪人也。」昆吾、大彭、豕韋亦皆三王之罪人乎？五霸之名，當以《春秋》爲正。

窈　窕

「窈窕」二字，《説文》解窈，深也；窕，極深也。窈窕，幽閒之地也。《詩》稱「窈窕淑女」，鄭玄箋爲幽閒深宫貞專之善女。揚子《方言》以美心爲窈，美容爲窕。故朱子訓《詩》，以窈窕爲德。楊用修深辨之，歷引漢魏詩賦所用「窈窕」字，皆屬居處，遂以朱氏之訓爲謬。余謂不然，窈窕原有二義，《詩》之「窈窕淑女」，即以居處與容德並解，不兩妨也。

孟母姓仉

孟母三遷，其母之姓，世莫知者。母姓仉，音掌，齊後也。晉有瑯琊掌同、前凉掌據，宋有掌禹錫，修《本草》者，即同孟母仉姓。仉、掌通用。字書反爪爲掌。

放生

浮圖氏謂殺生者有罪，放生者獲福。夫佃漁罟網，始自庖犧，若如浮圖之言，則聖人庖犧當爲地下罪人矣。此歐陽永叔之言，誠足以破世人之惑。第仁人君子存心，誠有聞其聲不忍食其肉者，孟軻氏所稱「君子遠庖厨」，此語得之，又安問罪與福哉？

韓縝不識女字

與俗人書劄，不可用古字，多有不解者。宋韓莊敏縝，字玉汝，初求字於歐陽文忠公，公書「玉女」二字與之。莊敏不樂，及見，殊有愠容。文忠曰：「此女字古書原無點水，君何怪耶？」乃取筆添女字傍三點水，始相與大笑。莊敏，韓忠獻公億之子，豈俗人者，亦不解古字如此。

漢祀以鶩易梟

武帝祭宗廟，以鶩當梟。董仲舒不可，謂名實不相應。梟非難得之物，鶩與梟大小相當，以鶩易梟，想必有説，俟之博古者。

望帝化鵑

子規、子巂、杜鵑、杜宇，又名規，又曰周鸛，又曰催歸，又曰秭規，皆一鳥也。來敏《本蜀論》有云：「荆人鼈令死，其尸隨水上，荆人求之不得。至汶山下復生，起見望帝，立以爲相。」許慎注《説文》云：「蜀王望帝，淫其相妻，以慙死，化爲子巂鳥。」李義山詩曰：「望帝春心託杜鵑。」余按常璩《華陽國志》，杜宇稱帝，會有水災，其相開明決玉壘山以除害，帝遂委以政事，升西山隱焉。時適二月，子鵑鳥鳴，故蜀人每聞子鵑，輒悲而思之。是子鵑之鳥非望帝所化明甚。

癡子

晉楊濟嘗與傅咸書，有云：「生子癡，了官事，官事未易了也。了事正作癡。」夫「癡」之一字，豈但了官事而已。人能解得此癡字，則人間事無一不了了矣。

顏子安貧

古之安貧者如黔婁、原思、榮公、東郭，皆其難者，然惟顏回最著。而古傳記所稱回有田二頃，此亦足以具饘粥矣，何至簞瓢陋巷而屢空耶？無亦回之好學，不求安飽，故孔子亟稱之，遂以安貧之名獨著於後世耳。韓昌黎謂簞瓢陋巷乃「哲人之細事」，又何怪其「羡二鳥之光榮，歎一飽之無時」也。

古人辭大

晉周處嘗爲廣漢太守，以母老罷歸。尋除楚內史，未之官。徵拜散騎常侍，處曰：

「古人辭大不辭小。」乃先之楚而後就徵。今之仕宦，每有左遷或降調者，輒先辭其小，必得其大而後之官，與古人異矣。

伯仲塤篪

八音皆克諧，無有乖戾而不和者。巧言喻兄弟之和，止以塤篪。注疏及朱考亭注、嚴氏《詩緝》，皆未能發其旨。余因閱《古今樂律》諸書，乃知七音各自爲五聲，如宫磬鳴而徵磬和，獨塤、篪則二器共爲一音，塤爲商而篪之徵和，塤爲商而篪之羽和，故曰「伯氏吹塤，仲氏吹篪」。伯，宫也；仲，徵也，此古人所以喻同氣也，其旨微矣。嗚呼！余有四弟而同母者三，中道見損，門祚衰薄，孤塤之奏，何以成音？一歎！

蘇武娶胡婦

蘇子卿娶胡婦，卒蒙後世訾議。余竊疑之。《新安文獻志》載，宋建炎中，有朱勣者，以校尉隨奉使行人，在尼堪所，數日便求妻室。尼堪喜，令於所擄内人中自擇。勣擇一最陋者，人皆莫曉。不半月，勣遂逃去，人始悟曰：「求妻所以固尼堪之心，使不疑，受其陋者，無顧戀也。」子卿之妻於胡，得無朱勣之見耶？第未知此胡婦美陋何如耳。或曰：胡婦之美無疑，不然子卿何丁年奉使，皓首始歸耶？余爲掩口。

徐庶歸曹

晉周虓爲西戎校尉，守涪城。母妻爲苻堅將楊安所獲，遂降於安。此與徐元直舍劉歸曹同情。但虓既歸秦，屢折辱堅，又嘗潛至漢中，爲堅追獲，後遂與堅兄子苞謀襲堅，事泄被撻，徙太原而卒，亦足以明其不事秦矣。元直一歸曹，遂安於曹，無他自明處，以此恨恨。

北音無入聲

周德清在元時自謂知音者，故嘗著《中原音韻》，今所行《洪武正韻》多宗之。余故有侍兒，工琵琶，嘗譜《太和正音》，止有平、上、去三聲而無入聲。余竊疑之，不知其與周德清之《音韻》實暗合也。德清北人，其所著《音韻》皆北聲，故以六爲溜，以國爲鬼，謂之中原之音，可乎？至四聲而闕入聲，尤爲謬妄。聲之有平上去入，猶天之有元亨利貞，地之有東南西北也，闕一其可乎？故余所梓《太和正音譜》曰「北雅」，以此。

經濟

學者有志用世，固當講究經濟，然不可以經濟一念先入其心。董子「明道不計功，正誼不謀利」，所以爲萬世醇儒也。宋仁宗朝，胡安定教授湖州，至以「治事」名齋。王介甫作詩以美安定，三以先生尊稱之，非安定經濟之教深入其心乎？迨熙寧柄國，安定歿矣，遂行免役、青苗、市易、首實、保馬、保甲、農田、水利，則皆其平日聞安定之教以講求者。故介甫少嘗見濂溪，恥於下問。及其爲相時，濂溪年五十有四，張橫渠年五十有一，二程年三十有八九，介甫皆以爲不足與有言。其所用之人，吕惠卿、曾布、蔡京、蔡卞之徒，皆急於經濟者也。陸氏之學高於事功，陳同父之學專於事功，皆爲朱考亭所不取，其意念深矣。

漢唐二高識度

漢高帝初爲亭長，告歸之田，有老人過，請飲，因相呂后及孝惠帝、魯元公主，皆大貴。及見高帝，乃曰：「鄉者夫人兒女皆以君，君相貴不可言。」高帝謝曰：「誠如父言，不敢忘德。」唐太宗方四歲，有書生謁高祖，曰：「公在相法，貴人也，然必有貴子。」及見太宗，曰：「龍鳳之姿，天日之表，其年弱冠，必能濟世安民。」書生辭去，高祖使人追而殺之。殺之是也，先儒謂其德色如漢高祖者，非也。何者？古今欲爲不義，求福於非望者，多起於佞人之諛詞，有以激發而成之。當秦、隋將亡之時，欲爲漢祖、唐宗之所爲者不知其幾，爲父老書生之談者亦不知其幾，彼父老書生偶驗於二帝耳，安知其不以告他人哉？以是告他人而不驗者，多是激發他人，求福非望，以陷於禍敗者亦多。嗟夫，匹夫狂言，天下受禍，其罪可勝誅哉？追而殺之，唐高之遠識過漢高萬萬矣。史乃謂唐高之追殺書生，懼其語泄，理亦有之。第其意雖私，其事則是。如以爲德色，不過女子小人歆慕富貴之心，英雄如季，而肯遽德色於偶然之虚譽乎？

巫覡惑人

南人信鬼，里中有以婦人代神語，曰「聖」，即古之巫也；亦有男人爲之者，即古之覡也。嘗有婦人喪子，往聖男所，請問其子。聖云：「子來矣！」聖乃代其子語云：「我饑，當得母乳。」此婦人遂開襟出其乳哺之，於是聖男就抱此婦人頸哺乳。此婦人不覺痛哭而歸語其夫，以聖爲亡子狀，相與神之。其夫大怒，撻之曰：「汝子死而問聖，聖妄爲汝子而欲乳汝，輒開襟出乳乳之。設他日汝夫死，汝或問聖，而聖妄爲汝夫，欲求汝合，汝得無從之乎？」余聞之不勝抵掌。後讀元魏《高允傳》諫高宗書，有言敝俗未改者，謂「祭必立尸，使亡者有憑。今魏俗已葬魂，人直求貌類者事之如父母，燕好如夫妻，損敗風俗，瀆亂情禮」，與開襟乳聖爲子正同。

生烟

劉禹錫《竹枝詞》「瀼西春水縠文生」，宋人小説以此「生」字爲生熟之生，殊足一笑。楊用修亦以爲然，至引謝朓詩「遠樹曖芊芊，生烟紛漠漠」，又引謝靈運賦云「披宿莽以迷徑，覩生烟而知墟」。此爲生烟，何者爲熟烟耶？此三處生字，皆當作生發之生，方有意味。

蒟字

今南人多用梹榔及蒟，然皆不解「蒟」字。劉淵林《蜀都賦注》「緣木而生，其子如桑椹，味辛香」，生巴蜀、嶺南，即鄭樵所辯《西南夷傳》「蒟醬曰浮留」是也。又名扶留，徐廣曰：木似穀樹，其葉如桑，用葉作醬以酢羹。蒟亦作枸，音矩。徐廣注：音窶。俗呼作蒟，蓋本於此。第今乃藤生，非樹生也。故蒟醬者，以蒟爲醬，今其制已不可知，然亦醬成，乃可稱蒟醬。若稱蒟即爲蒟醬，是秫可製酒，而未製酒之秫亦可稱秫酒乎？又云司馬相如使蜀時求而得之者。第今巴蜀絶無此物，惟滇中有之，其子作穗，土人乾之以代，其葉殊不類桑椹。若産嶺南者，又絶不作穗。劉淵林云「實長二三寸，辛似薑不酢」，小顔云「緣木而生」，二説得之。

鬱林葛

粤中多産葛，惟鬱林州所産者知名最久。齊武帝作《估客樂》，曲被管絃，乘龍舟遊江中，令榜人皆着鬱林布作淡黄袴，以舞此曲，即今之鬱林葛也。

泰山神祠

海内神祠，惟泰山碧霞元君最盛，然世莫詳神所自出。余閲馬端臨《通考》，泰山絶頂故有玉女池，池側有玉女石像，泉源壅濁。宋真宗登封，先營頓置，泉忽湧出，清泚可鑑，味甚甘美。王欽若請浚治之，像頗摧折，詔易以玉石。既成，上與近臣臨觀，復礱石爲龕祭焉。及考李謂《瑶池記》，謂黄帝建岱岳觀，嘗遣女子七人，雲冠羽衣，奉香火以迎西崑真人，則元君或亦七女中之得道而仙者。織女名天孫，而岱岳亦名天孫，豈以此邪？李白遊泰山詩「玉女四五人，飄飖下九垓」，似亦有據。是元君在唐已有之，至宋而香火始盛耳。

星命

禄命家言其星辰名字，皆後人杜撰，不足信者。熊退叟嘗作「命説」送術者雲岫，有云：「三代盛時，家有受田，阡陌未裂，蔭耗之星夫何居？里有公選，科目未興，科名科甲之星夫何麗？」此言真足以袪千古之惑。

韓昌黎未見道

昔人謂韓昌黎因文見道，余謂昌黎文固自佳，而道或未之見。無論三上書、三及門爲有識者所嗤，即潮州到任《謝表》，更露破綻，通篇千餘言，無非帖首摇尾乞憐之態。夫東西南北，唯君所命，何遠何近，何美何劣？昌黎則首言潮地遠惡，人所不堪。毛遂自薦，雖五尺之童羞之，昌黎則繼言其學問文章爲時輩推許。至論述朝廷功德則古人不讓，此時朝廷有何功德足以稱述？而昌黎至欲以封禪泰山歆動人主，夫司馬相如何足效也？始以諫佛骨而見斥，既欲以請封禪而媒進，非兩截人乎？謂之見道，誰則信之？宋石介獨尊信昌黎，嘗著《尊韓論》，其《徂徠集》中不一而足，且曰「吏部」，不敢名也，豈好而知其惡者耶？

洞庭湘妃墓辨

按《永州志》，帝舜陵在九疑山，一名永陵。《禮記·檀弓》「舜葬蒼梧之野」，司馬《史記》「舜南巡崩於蒼梧之野，歸葬零陵之九疑」，又載於《家語》、《皇覽》、《竹書世紀》〔二〕。岳之洞庭有君山，其上爲湘妃墓，古今相傳爲堯之二女以妻舜者。舜南巡，溺於湘江，二妃從征，偕溺而死。神遊洞庭之湖，故湖有黄陵廟，以祀二妃。詳具秦博士之對始

〔二〕 按此指《竹書紀年》。

皇也。王逸《楚詞》〔一〕亦遂以二妃爲湘君與湘夫人，而劉向、張華、酈道元、羅含諸人相承，爲萬世不解之惑。及樂子正〔二〕《寰宇記》、張叔範《零陵志》、楊廷秀《揮麈録》〔三〕、吴格甫《九疑考古》并述之。楚靈王作章華之臺，壅漢水旋其下，以象舜陵。而秦皇、漢武皆嘗望祀，宋置守陵五戶，而國朝布在祀典，仍建廟簫韶峰下。二妃墓在黄陵廟西，云乃漢荆州牧劉表所建，國朝命有司以六月六日致祭焉。余按《尚書》，舜「五月南巡狩，至南岳」，即衡山也，是歲八月復「西巡狩」矣，溺死之説謬妄不足辨。獨怪孔氏傳《舜典》「陟方」注，亦曰「舜南巡狩，死於蒼梧之野而葬焉」，尤足掩口。夫《尚書》所稱舜「陟方乃死」，是在受終文祖之後，而南巡狩則堯未殂落而舜攝政之時，安得云舜以南巡狩而死於蒼梧耶？但舜葬蒼梧，又見《禮經》，與秦博士合。夫《尚書》，聖經也，《禮經》則出漢儒之手。秦始皇時《尚書》猶在孔壁中，秦博士未之見也，豈其時始皇巡狩遍天下，百姓疲勞，而博士輩託言舜以巡遊溺死，警

〔一〕按此指王逸《楚辭注》。

〔二〕「樂子正」，原誤作「樂正子」，按樂史字子正。

〔三〕按《揮麈録》作者爲王明清。楊萬里字廷秀。

悟君心耶？抑《尚書》未出，而讖緯百家熒惑耳目，博士亦妄言傅會，故傳禮者又傅會博士耶？或爲之説曰：古者天子五載一巡狩，《尚書》所載舜巡狩在攝政時，安知受終文祖之後不復巡狩？故或復巡狩而溺死，亦未可知耳。余曰：否否！巡狩，大典也；天子而溺死，大變也。受終復巡狩而溺死，《尚書》豈有不明言以紀之者？且舜年二十以孝聞，三十堯妻以二女，五十攝行天子事，五十八堯崩，六十一踐位，故董鼎曰：舜巡四岳，朝諸侯，封山濬川，考禮正刑，汲汲不少暇，乃攝政時事。至踐位後，則惟責成於岳牧九官，垂裳恭己而已。孔子曰「有天下而不與」，此自舜踐位後言也，豈復出而巡狩耶？况《尚書》已明言「三十徵，庸三十，在位五十載，陟方乃死」，是舜之死蓋百一十歲也，復巡狩而溺死耶？説者又以陟方爲巡狩，韓退之乃云，地傾東南，南巡非陟也，陟者升也，方乃死者，釋陟爲死也。蘇子瞻云，陟方猶升遐，乃死，爲章句「後學誤以爲經文。《書》云「商禮陟配天」「惟新陟王」」[一]故《汲書紀年》帝王之死皆曰陟。《書》云「在位五十載」，陟者，紀舜之崩也，何謂南

[一] 以上十八字，原書爲闕殘。按張萱此條大多摘自《江漢叢談》，茲據以補足。

廵哉？他傳又云：舜伐苗民，崩於蒼梧。夫伐苗者禹也，已竄三危矣，何得勞無爲之舜於耄期之時耶？都玄敬《聽雨紀談》乃疑舜冢在零陵之九疑，而九疑（在）［去］南岳千有餘里，蒼梧在廣西域内，去九疑又數百里。《書》云舜「南廵狩，至於南岳」，豈又幸九疑，遂崩而葬其地乎？《孟子》言舜「卒於鳴條」，鳴條在東方夷服，今又不聞有舜陵，是玄敬亦有疑而不能祛者也。羅長源曰：象封有鼻，墓在始興。有鼻者，有庳也，即今道州，九疑之墓，或象冢耳，不然商均窆也。《大荒南經》：赤水之東，蒼梧之野，舜子商均所葬，元次山《九疑山圖記》亦謂商均窆其陰，豈商均徙此，因葬之，後世遂以爲舜陵耶？漢章帝時，零陵文學奚景於泠道舜祠下得笙白玉之琯十二枚，《吕氏春秋》、戴延君《大戴禮》、伏子賤《尚書大傳》、許叔重《說文》、應仲遠《風俗通》、陳晉之《樂書》、范蔚宗《後漢書》皆言昔西王母獻舜玉琯，注云：西王母，神也。曾伯端《集仙録》亦云：舜在位，西王母使獻白玉琯，以和八風。則白玉之琯爲舜之寶器明矣，胡爲乎藏於零陵哉？無乃帝舜諸子分封巴陵、上虞、衡山、江、華等國，各錫寶器，如成周錫封之制，而商均則得白玉之琯，遂傳流零陵耶？又按，舜陵載在《山海經》者非一說，《海内南經》蒼梧山，帝舜葬其陽，又《大荒南經》帝舜葬於岳山，又《海北經》有舜臺，臺即陵也，又《海内》朝鮮[一]記南方蒼梧之泉，其中有九疑山，舜之所葬，在長沙零陵界中。夫《山海經》世稱伯益作，而長沙零陵乃秦漢郡名，則知此書多後人附益，而九疑舜陵渺不可信矣。又《寶櫝記》云舜葬於蒼梧，有鳥自丹州而來，吐氣，名曰憑霄，能銜土成丘墳，舜墓，鳥所營也。《集仙録》又云，舜瞑目端坐，乘空而至南方之國，其中有九疑山焉，歷數既往，歸埋兹山。《真源賦》云，舜因南巡，走馬逐鹿，同飛蒼梧，莫知所去。王仲任《論衡·書虚篇》云，舜葬蒼梧，象爲之耕。四説尤妄誕不足辨。故朱晦庵《粤西舜祠記》業已疑之，曰舜死蒼梧，無明文可據，獨未爲之辨耳。司馬光有詩：「虞舜在倦勤，薦禹爲天子。豈有復巡狩，迢迢渡湘水。」似爲得之。是舜之不死於南巡狩與不葬蒼梧明甚，彼洞庭又安得有二妃墓哉？嗟嗟！禮有三不吊，水其一也。以大聖人而誣以不吊之災，萬世下卒未有辯白之者，不亦悲乎？若《山海經》云「洞庭之山，帝之二女居之」，然亦曰帝之二女而已，未嘗明言誰之女也，豈以《堯典》有二

[一] 按《山海經·海内經》有國名朝鮮，但本書下引與朝鮮無關。

女之文，遂以洞庭二女即《堯典》之二女耶？郭璞稍晰其妄，曰：湘君、湘夫人自是二神，且既謂之堯女，安得復稱湘君？因引《禮記》舜葬蒼梧，二妃不從。此亦足爲考古一快。獨惜舜不葬於蒼梧，璞亦未之辨也。羅長源復曰：虞舜晚年已禪禹矣，南狩之舉，總之伯禹，則二妃必不從舜於蒼梧。沈存中繼其説，亦云：舜陟方之時，二妃皆百餘歲，豈宜復稱女？信若二説，是舜且未嘗南巡狩，則《尚書》亦不足據矣。景純又云：即令二女從舜，其靈達鑒通無方，尚能鳥工龍裳，救井廩之難，豈不能自免風波？況二女乃帝舜之配，不應降附小水爲夫人，故當以此二女爲天地之女。夫鳥工龍裳，乃迂怪之談，既不足據，而帝妃不可降於洞庭小水爲夫人，天地之女又可降於小水爲夫人乎？此王逸、韓愈所以力辨之，似得其情也。羅長源又爲之説：此二女者當爲舜之第三妃癸比氏所生者，是舜之二女也，一曰宵明，一曰燭光。其説亦有所倣，《山海經》有言：「舜妻癸比氏所生二女，處河大澤，其靈能照百里」，然亦未明言處於洞庭也，長源又豈以河大澤可爲洞庭也耶？陳士元心叔亦該博者，其《江漢叢談》乃謂湘祠爲舜之二女，黄陵墓爲癸比氏所葬，而以《山海經》之言爲實，至引陸士規《黄陵廟詩》「帝子不知春可去，亂山無主鶥鴣啼」，帝子者，謂舜女也，此又信《山海經》之過也。余按《竹書紀年》舜即位三十年而后育卒。后育者，娥皇也，葬於渭。《帝王世紀》又云，舜三妃，娥皇無子，女英生均。舜崩之後，曾隨其子徙封於商，故曰商均。商州有女英冢，至唐時盜乃發之。今平陽府蒲州南十五里曰蒼陵谷者，亦有娥皇女英冢。絳州鼓堆祠神，爲婦人像，祠中石刻亦云舜之二妃。夫渭與商與蒲與絳三者必有一實，然皆非楚地，則岳之湘妃墓非女英之窆明甚。獨盜所發女英冢，乃多得大珠、璆金、玉盌，又似與茅茨土階之風不協，則不能無疑者。《竹書》云鳴條有蒼梧山，舜崩遂葬焉。按今山西平陽府即古河中地，解州安邑縣西北二十里有鳴條崗，一名鳴條陌，而舜墓具在。《孟子》曰「舜卒於鳴條」，此萬世不易之定論也。鄭康成以鳴條爲南夷地，謬之謬矣。但古今地理諸志，鳴條之地并無蒼梧之山，豈古之河中地或有蒼梧，而世代綿邈，圖牒失真，寖不可考，記禮者或傅會《竹書》，與《竹書》之或傅會禮文，皆不可知也。余謂考古者當以聖經爲正，信漢儒不如信吾孟軻氏。故舜既葬鳴條，則雖南廵矣，斷非崩於蒼梧。二妃一葬於渭，一葬於商，或葬於蒲，洞庭湘妃豈得云舜之二妃？《楚辭》所稱湘君、湘夫人，信如景純所核，斷非舜妃，亦非舜女。

近代撰楚通志者，皆博古君子也，亦未及詳考而是正之，故不得不爲之辨。

附徐司馬鑾書

讀洞庭湘妃辨，援引博而彈駁精，大快人意。今鳴條崗即在安邑，舜陵亦在安邑。以《孟子》「卒於鳴條」一言斷之，確乎無疑。再考《竹書紀年》舜三十二年，命夏后總師，陟方岳，三十三年，夏后受命神宗，三十五年，命夏后征有苗，四十九年，帝居鳴條，五十年陟。此本文也。注云：鳴條有蒼梧山，今海州。注係沈約所述，隱侯博而傍涉，不盡據經，當由《檀弓》一語誤之。《史記》及孔氏《尚書傳疏》皆本《檀弓》，宋孫奭《孟子疏》又本《史記》。孫又引《書傳》云鳴條在安邑之西，而不能深辨。今天下稱蒼梧者三，粵西蒼梧，今梧州；洞庭蒼梧，今岳州，鮑照賦所謂「南馳蒼梧」也，《九域志》東海縣有蒼梧山，今海州贛榆縣。粵西舜祠無謂，已不待辨。洞庭蒼梧之説，至今牢不可破，然宋陸均作《翼孟》，已曾疑之。《困學紀聞》引《吕氏春秋》舜葬於紀，以蒼梧山在海州界近莒之紀城，以附會於《吕覽》及《竹書》注海州之説。愚以爲此亦穿鑿好異之見耳。《竹書》文最古，縱有傳譌，亦不出於漢儒之手。據《尚書》五十載陟方乃死，似總言舜受禪後，遍陟方岳乃崩，如《竹書》三十二年所云紀其大政，非必以陟方爲舜崩之年也。九疑舜墓，千古以來，孰知其處？特衡岳舜所南巡，今有舜祠，理爲近之。海州蒼梧山，記載幾湮絶，無舜墓舜祠遺址，豈有帝都冀方而身没乃葬於海僻一隅？莒紀小國，春秋時且爲附庸，唐虞時當甚荒落。帝陟方岳，朝羣后，當之名嶽通都，乃之窮海之濱，野死不還，而葬此乎？唯《孟子》「卒於鳴條」與《竹書》「四十九年帝居鳴條」語合，故當以《孟子》爲信矣。又有《帝王世紀》一説，有苗氏叛，舜南征，崩於鳴條，殯以瓦棺，葬於蒼梧九疑山之陽，是爲零陵，謂之紀市。此其無端牽合，尤爲可笑。《虞書》「有苗弗率，命禹徂征」，即在三十四年禹受命神宗之後，與《紀年》所載無異。越十五年而帝始陟，親征而死，敢於誕妄。瓦棺殯葬乃周人以葬下殤者，而以誣帝制，抑又誕矣。《禮經》蒼梧一語，或出漢儒。且蒼梧既無定名，安知古鳴條之野不有以蒼梧號者？《山海經》云蒼梧山，帝舜葬其陽，丹朱葬其陰。舜以唐封丹朱，即今平陽，則古蒼梧即鳴條地，可爲一證。如云楚之蒼梧，則丹朱亦從舜南巡而葬此耶？足下所述已詳已悉，因尚有數種，姑述所聞，以共折時人三尺之喙。若舜墓之説明，則湘君、湘夫人、堯女、舜妻之謬不攻自破矣。

石經

自有九經以來，鎸於石者有十四種，而始之者東漢也。世鮮有能詳者，故論列焉。漢建寧間，蔡邕以八分書書石經，而其文則諫議大夫馬日磾，五官中郎將堂谿典，光禄大夫楊賜，議郎張馴、韓説，太史令單颺等奏求校定者也。《洛陽記》曰：石經五部，碑凡四十六板，三行，分樹於太學之前。西行《周易》、《尚書》、《公羊傳》，共碑二十八板，時十六板存，十二板毁。南行《禮記》，碑共十五板，悉毁，然尚有可讀者。東行《論語》，三碑，而二碑毁矣。是蔡邕所書四十六碑，此時毁者已十八板，而存者尚有二十八板也。然亦止《周易》、《尚書》、《論語》、《禮記》、《公羊傳》五經而已。《隋志》乃云鎸刻七經，皆邕筆，豈建寧石經至隋時尚有七，而記洛陽者未及見耶？七經之外皆不書，豈其力有未及耶？方仁聲《泊宅編》石經跋云：石經殘碑，在洛陽張景元家，世傳蔡中郎書，未知何所據。而邕所書石經乃八分，仁聲誤以爲三體，不知三體者乃謝承書也。《東漢書・儒林傳》注：熹平四年，又詔謝承書五經，鎸碑，乃古文、篆、隸三體。其碑高一丈許，廣四尺，駢羅相列，與邕碑不同。《水經注》又云：漢光和六年，刻石鏤碑，載五經，立於講堂前。余按建寧、熹平、光和皆獻帝年號，建寧四年、熹平六年、光和六年是十六年之中三書石經矣。然熹平石經雖知爲謝承之筆，而不知所書爲何經。光和石經非惟不知經爲何經，書爲何體，即書者亦不知其何人矣。豈邕既書七經，之外未書者熹平續書之，熹平未書者光和續書之耶？若然，則東漢石經蓋十有七矣。夫邕之石經，八分也；承之石經，三體也；光和之石經，不知其書爲何體。然三石經想亦不出五與七之外，其間必有重書，而其文亦必有互異者。今三石經皆亡，無從考據。《唐・經籍志》又有《蔡邕（金）[今]字論語》二卷，而《隋經籍志》則《一字論語》二卷，即（金）[今]字本，不言作者姓名，後人遂以唐史爲誤。然其書久亡，亦窮經博古者之一憾也。

魏陳留邯鄲淳嘗書三字石經於漢碑之西，亦即漢之三體也，然亦未詳其爲何經。

正始中又有一字石經，江式曰：魏嘗立三字石經，其蹟已亡。亦皆未詳經爲何經，筆爲何人，一字、二字之爲何體也。

晉裴頠嘗奏修國學刻石寫經。

唐開成元年，鄭覃奏言：「宜準漢舊事，鏤石太學，示萬世法。」乃表周墀、崔球、張次宗、孔温業等是正之，凡九經，共一百六十卷，亦不知爲何人書。大歷中，司業張參又承詔校定五經鑱石。太和七年，又勅唐玄度覆定石經，并《孝經》、《論語》、《爾雅》爲九經，凡一百五十九卷，字樣四十卷，則開成九經未收《孝經》、《論語》、《爾雅》，而九經者不知何經。即太和九經，自《孝經》、《論語》、《爾雅》外，其六經者，亦不知爲何經也。但太和字體大乖師法，名儒宿學多不窺焉。是唐有兩石經也。李陽冰又願刻石作篆，備書六經，後不果。其所稱六經，豈即《周易》、《尚書》、《毛（書）〔詩〕》、《春秋傳》、《禮記》及《周禮》耶？今秘閣所藏有《孝經》二册，乃唐玄宗八分書，天寶四年國子祭酒李齊古摹勒上石者，完好如故，蓋宋搨也。

僞蜀相毋昭裔，嘗取唐太和本琢石於成都，而文與唐本小異。《孝經》、《論語》、《爾雅》則廣政甲辰張德釗書，《周易》辛亥楊鈞、孫逢吉書，《尚書》周德政書，《周禮》孫朋吉書，《毛詩》、《禮記》、《儀禮》張紹文書，《公羊》、《穀粱》二傳則宋皇祐間田元均補刻，《孟子》宋宣和間席叔獻補刻，皆未著書者名氏。閱《統志》，宋紹興間席益嘗刻《禮殿聖賢圖》於成都石經堂，豈益即叔獻耶？《春秋傳》亦未知爲何人書，而於「祥」字皆闕其畫，此必孟蜀時筆也。余幸承乏西省，校閱秘閣藏書，及見蜀本石經《周易》三册，《尚書》三册，《毛詩》八册，《左氏春秋》三十册，《公羊》七册，《穀粱》七册，《禮記》十四册，《周禮》八册，《儀禮》十册，《孝經》十册，《論語》三册，《孟子》三册，《爾雅》三册，完好如故。獨《左氏春秋》未知爲何人書，其紙墨之精，拓法之妙，當是宋物，真希世寶也。撫玩一月，不忍釋手。

宋至和元年，命皇姪右屯衛大將軍克繼書石經，又以上所書《論語》刻石國子。仁宗又命以《易》、《詩》、《書》、《周禮》、《禮記》、《春秋》、《孝經》作篆隸二體，刻石於太學兩楹。楊南仲書《周易》十，《書》十三，《詩》二十，《春秋》十二，《禮記》二十。時與南仲同書者，草澤章友直、殿中丞張次立也。國子王洙乃言：「刻石經已十五年矣，止完一《孝經》耳。《尚書》、《論語》見書，鐫未就，乞促限畢工。餘經權罷。」從之。紹興十三年，内出御書《左氏傳》及《史記列傳》、《周易》，令臨安知府張澄刊石。十四年，又出御書《尚書》、《毛詩》，十六年又出御書《論語》、《孟子》，皆刻石立於太學。然御書間有困倦，輒令憲聖吴后代書，與御書毫不可辨。是紹興石經未必皆高宗筆也。然趙宋御筆，高宗最勝，而憲聖能亂其真，亦彤史中之希有乎？第自古鐫石者惟經，而紹興獨鐫《史記列傳》，此亦腐史千載特達之知也。

賀季真乞休

賀季真乞鑑湖歸老，古今以爲美談。余考其時年已八十餘矣，故其《回鄉詩》「幼小離鄉老大回，聲音難改鬢毛衰，家童相見不相識，却問客從何處來」，夫仕宦而至八十餘不歸，復何爲耶？季真嘗謁一賣藥王老，問黄白之術，持一珠貽之。老即以珠易餅共食。季真心念寶珠何以易餅，口不敢言。老曰：「慳吝未除，術何由得？」是季真者，乃貪戀富貴一老悖耳。張旭謂「賀八真清鑑，風流千載人」，豈别有所據耶？若以乞鑑湖歸老時爲風流，則鑑湖有靈，必爲吐穢矣。因考漢二疏乞身，亦皆居閒曹耳，若居津要，未知能勇退否。白居易有詩「散員疏去未爲貴，小邑歸休何足云」，此足以評二疏矣。

疑耀卷二

柳子厚非國語

樓迂齋謂柳子厚文章皆學《國語》，卻著《非國語》，是私其所自得而諱其所從來也，其天資刻薄如此。今世有一士人，止能讀一部《文選》，其所撰述皆竊《文選》中糟粕以自衒，但對人輒排斥《文選》，是亦一子厚也。余謂即能作《文選》，便足佳，何以諱爲？第恐其不能爲《文選》耳。子厚之《非國語》，其文即可爲《國語》否耶，而奈何諱之？

施全

施全於岳武穆死後欲刺秦賊而不得者，但全先嘗爲秦客，最狎，名在十客之列。

今岳死而讎秦，豈忠義在人心，即恩私不能奪耶？

賈誼蘇洵薄德

漢賈誼之知名於文帝朝者，以守吴公薦之也。史逸其名，即誼終身亦未有一言及吴公者。余嘗疑之。蘇老泉爲布衣時，未知名，有雅安守劉大簡字簡夫者，深器之，以書上韓魏公、歐陽文忠公、張忠定公，薦之語甚切。至東坡、潁濱文章滿天下，獨無一語及簡夫。老泉集中亦止有與簡夫辭辟試一書耳，而《與簡夫請納拜書》，及老泉所作《簡夫墓銘》，今皆不載，豈編集時有意去之耶？古人謂感恩易，知己難，賈誼之於吴公，老泉之於簡夫，可謂知己矣，豈有所諱而然耶？請納拜者，請行門生禮也。生前即願出門下，身後即諱而去之，亦薄德矣。余見有一顯貴人，在故相趙文懿公門下二十年，恩遇甚厚，而文懿公捐館，輒肆詆毁，真犬彘之不若也。

嚏噴

廣陵嘗有一名醫，以醫致富，其門如市，即貴顯之家不輕造也。偶廣陵守署中有病者，亟召之，醫不得已詣堂下。守適有公事，不及呼前，而此醫適作嚏兩三聲。守問曰：「何爲而嚏？」醫曰：「外人有念醫士者。」守笑曰：「嚏乃肺家中風耳，而云外人相念，則嚏爲肺病且不曉，何名曰醫？」遂叱之去。此醫退，術遂不行。余謂守雖知嚏爲肺病，而不知人相念則嚏，乃古語也。《毛詩·終風》章「願言則嚏」，鄭氏箋曰：女思我心如是，我則嚏也。宋王易《燕北録》：契丹俗，戎主及太后噴嚏，近位番漢臣僚齊道「沿䕨離」，華言萬歲也。今嶺外人噴嚏，亦或呼曰「大吉利市」者，即此意。故《漢·藝文志》有《噴嚏耳鳴》[一]十六卷，則嚏者古人亦以吉凶有相關者。若《月令》曰季秋行夏令，則人多鼽嚏，是嚏未必皆肺病也。今《噴嚏耳鳴》書已亡，想有可觀者。

[一]《藝文志》作「《嚏耳鳴杂占》」。

生乞壙志

宋時有諛王安石者，嘗守番禺，以書求安石曰：「某所恨微軀安健，惟願早就木，冀得丞相一埋銘，庶幾名附雄文，不磨滅乎！」後世近有乞生壙志於名公貴人者，想同之也。

荔枝

《西京雜記》：南越尉佗獻漢高帝龍眼樹，《負暄雜録》謂即今之荔枝也。豈宋時龍眼尚未到於上國耶？顧文薦亦博物者，何言之誤也？

石炭

今西北所燒之煤，即石炭也。蘇東坡集中有《石炭行》，然亦未著其所自始。《前漢·地理志》：豫章郡出石，可燃爲薪。隋王邵論火事，其中亦有「石炭」二字，則知石炭即爲煤，而用於世已久矣。

介之推燭之武

介之推，燭之武，介與燭皆地名，非姓也。二人賢者，爲國人所取信，故特標其地以異於衆耳。如漢四皓，皆以所居爲氏，而其本姓竟莫可考。

開脇而産

陸終氏娶鬼方之女，孕而不育十一年，開其左脇，而出三人焉，又開其右脇，而出三人焉。長曰昆吾，次參胡，次彭祖，次會人，次安次、季連，皆有名德於世，而受姓爲侯伯。譙周作《古史考》，乃以爲妄，廢而弗論，見亦隘矣。彼修已背坼而生禹，簡狄胸坼而生契，皆爲帝王，是天將興之，必有異於人者，非常理所可測也。魏黄初五年，汝南屈雍妻王氏生男，從右脇下水腹上出，而平和自若，數月創合，母子無恙。宋時莆田有市人妻生男，從股髀間出，亦無恙。此亦足以明陸終氏之非妄矣。

詩叶管絃

詩自《三百篇》而後，至於我明，卒未有一語可被管絃者，蓋文采有餘，性情不足也。音調出於性情，性情和而後音調諧，此天地自然之妙，不假安排者。近世有取陶淵明《歸去來辭》，李太白《把酒問月》，李長吉《將進酒》，蘇長公前、後《赤壁賦》協入聲律，宋王灼《碧雞漫志》謂之「暗合孫吴」。余按今人之以諸公詩賦譜諸管絃者，皆更換其句，錯綜其章，添減其字，方於聲律可協，皆非諸公原文也，於孫吴終非暗合矣。

妒婦不可少

諸葛武侯以醜婦爲養心之資，余謂妒婦亦然。南唐樞密杜業妻張氏，甚妒，烈祖命元皇后召張，誡之曰：「業位望通顯，得置妾媵，何拘忌如此，非婦道所宜。」張雪涕而言曰：「業本狂生，遭逢始運，多壘之初，陛下所藉者駑馬未竭耳，而又早衰多病。若縱之，反貽其禍，將誤於任使矣。」烈祖聞之，大加獎歎，以銀盤綵段賞之。余謂胤嗣既得，血氣將衰，若張氏者，誠不可少也。

莊周鼓盆

莊周妻亡，鼓盆而歌，世以爲達。余謂不然，未能忘情，故歌以遣之耳。情若能忘，又何必歌？

四凶

四凶者，昆屯、窮奇、檮杌、饕餮也。堯投之四裔，以禦魑魅也。四裔者，四夷也。余謂四凶在朝，雖爲凶族，然有今之君子所不能及者，是以彼之下駟，亦足走我之上駟也。不然，豈能以變四夷，禦魑魅哉？今之君子，且有居中國而身爲魑魅者，不知堯何以處之。

司馬文正海忠介

司馬温公，元豐末來京，都人奔競觀之，即以相公目之，左右擁塞，馬至不能行。及謁時相於私第，市人登樹騎屋窺瞰之，隸卒或止之，曰：「吾非望而君，願識司馬公耳。」至於呵叱不退，而屋瓦爲之碎，樹枝爲之折。及薨，京師之民罷市而往吊，粥衣以致奠，巷哭以過車者，蓋以千萬數。上命户部侍郎趙瞻、内侍省押班馮宗道護其喪歸葬。瞻等還，言民哭公哀甚，如哭其私親，四方來會葬者數萬人，而嶺南封州父老相率致祭，且作佛事以薦公者，其詞尤哀，炷香於手，頂以送公葬者九百餘人。京師民畫其象，刻印粥之，家有一本，飲食必祝焉。四方皆遣人購之京師，時畫工有致富者。張淏《雲谷雜識》謂千古一人而已。余謂温公之後，又有一人焉，余鄉海忠介是也。忠介久居田里，歲癸未，起南京都察院。入京之日，黄童白叟，填溢街巷以觀公。凡鄉民過其第者，必求一見，踵相接也。公每歸私第，輒危坐聽事，不退居，亦不閉門，以便鄉民之求見者。公問：「見我何爲？欲言事乎？」鄉民叩首：「無事，止願一見海翁顔貌耳。」自朝至暮不少休。及卒於官，人爭畫其像，畫士亦多致厚資。還櫬之日，老幼提攜，頂鑪香夾道呼「海爺爺」，號泣如喪考妣，傾城皆至舟次，罷市數日。今江南郡邑相傳公已爲神，皆尸祝於家。每於公死日，相率追薦，至有費千金設一醮者。此與温公何異？夫温公在宋，嘗爲執政，君子謂其有旋乾轉坤之功，故人皆歸之。忠介未嘗一日得行其志，而人之歸之，亦與田夫野老皆號爲司馬相公，婦人孺子亦知其爲君實者，同一悦服，此豈可以聲音笑貌爲哉？第忠介得於人者，與温公同，得於天者，則不及温公遠甚。温公有子康，官至侍讀，忠介則黑衣之綴蔑如，天之報施善人又何異耶？温公身後又有不幸者，紹聖初，章惇、蔡卞請發冢斲棺，帝不許，乃奪贈謚，仆所立碑，復貶崖州司户參軍。蔡京用事，復降正議大夫，至列名於奸黨之碑。若忠介，則蓋棺之後，人無異言，令聞不已，此又温公所不能得於公者也。

佛書入中國

世但知佛書自漢明帝時始入中國，不知秦之先，中國已有其書。《隋・經籍志》曰：其書久已流布，遭秦火之世，所以湮滅。又劉向《列仙傳》曰：得仙者百四十六人，其七十二人已在佛經。又漢哀帝元壽元年，博士弟子景盧，受大月氏王口傳浮屠經。此皆白馬未入中國之前也。況明帝時，傅毅對帝所言，皆是佛書。使先此未有佛書，毅何從而得之？是明帝前雖有其書，尚未盛行，自白馬既來之後，其說乃浸淫耳。

殿廷植花柳

唐朝殿廷皆植花柳，故杜甫詩「香飄合殿春風轉，花覆千官淑景移」，又曰「退朝花底散，歸院柳邊迷」。宋朝殿廷則植松楸而不植花柳者，以見嚴毅也。我朝殿廷松楸花柳皆不植，亦有深意。

黄册

今制，丁口税糧，十歲一籍其數，曰黄册。自劉宋時已有之。齊高帝即位，嘗勑虞玩之與傅堅意檢定，詔曰「黄籍，人之大綱，國之政端」云云。時亦稱「人籍」。今世多不解「黄」字之義，余偶閱唐開元制，凡男女始生爲黄，四歲爲小，十六爲中，二十有一爲丁，六十爲老。每歲一造計帖，三年一造户籍，即今之黄册也。謂之曰黄，亦自男女之始生登籍而名之耳。

尾大不掉

尾大不掉，此非喻言也。西域有獸曰羯，尾大於身之半，非以車載尾，則不可行。元白湛淵有咏羯詩：「羯尾大如斛，堅車載不起。此以不掉滅，彼以不掉死。」

雁足書

雁足傳書，世傳爲蘇武事，但武實未嘗以書縛雁足，蓋漢使者常惠自胡中還，知武尚在，故漢家令人入胡求武，托言上林獲雁得武書也。元中統間，有宣慰副使郝經，充信使使宋。宋留之真州，十六年不還。有以雁獻經者，經畜之。雁見經，輒鼓翼引吭，似有所訴。經感悟，擇日率從者，具香案北向拜，舁雁至前，手書一詩於尺帛，繫雁足而縱之。其詩曰：「露落風高恣所如，歸期回首是春初。上林天子援弓繳，窮海纍臣有帛書。」復書於左：「中統十五年九月一日放雁，獲者勿殺。國信大使郝經書於真州忠勇軍營新館。」虞人獲之，以獻元主，惻然曰：四十騎留江南，曾無一人雁比乎？遂進師南伐，越二年宋亡。此又效蘇武而爲之也。然武留胡中十九年始還漢家，不能爲武問罪於胡；經留宋十六年始還，而元主卒以此滅宋，爲之一歎。經字伯常，澤州人。

群龍無首

《易》「群龍無首」，王弼注云：「以剛健而居人之首，則爲物之所不與也。」孔穎達未疏「無首」之義。今之佔畢家謂龍之剛猛在首，《乾》之六爻皆用九，是純陽之卦也，不宜復濟之以剛，必變而爲柔，是無首者，無剛也。余謂不然，通《乾》之卦皆是陽剛，必純剛而後可爲《乾》，故《象》曰：「天行健，君子自强不息。」無剛，是無健也，幾乎息矣。以上諸爻皆不宜息，豈以《乾》之六爻而可息耶？且初九曰潛龍，九二曰「見龍」，九五曰「飛龍」，上九曰「亢龍」，皆指一龍也。而此獨曰「群龍」，則非一龍可知。夫首者，先也，無首者，言當此群龍俱興之時，我不可以身始事也。故《象》曰「天德不可爲首」者，謂陽剛既在我，則候時而動，不宜首事。《左傳》曰「無爲禍始」，即此意也。且《乾》《坤》二卦，其理相通，彼此互用。故《坤》之《彖》有曰「先迷失道，後順得常」，蓋居後而不居先，在群龍之時即《乾》亦宜如此，不特《坤》爲然也。余故曰：群龍無首，謂無爲事首，而非謂剛德可無也。若謂剛德不可純用，必變而爲柔，則上九之亢龍已先詳之矣，而此又言無剛，得無重複乎？宋均曰：「萬物之始，莫能先之，不可爲首。先之者凶，隨之者吉。」此説得之，宜補注疏之闕。

佛不能作福

唐懿宗末年信佛，故迎佛骨。第佛骨至而大駕遂晏，亦足以明佛之不能作福矣。

書啓慎餘字

今人作書啓，於左方之末書「慎餘左冲無他」諸語，世皆仍之，而不詳其所始。余閲程大昌《考古》，謂古人以尊賜卑者書敵，必於紙尾批曰與某人，如宋時詔勅批答之類，故紙尾結言「慎餘」等語者，示行卑不敢更有他語也。

術者决王荆公去位

王荆公在相位時，嘗向一術者求卜。術者曰：「功名富貴如此，又何卜焉？」公作色曰：「今力乞去，上未許，請看旦夕便去得否耳。」術者曰：「相公相公，得意濃時便好休。予往日曾爲相公言之矣。要去便去，只在相公不在上也。不疑何卜？」公悵然歎服，去意遂決。噫！今之鐘鳴漏盡，自託於上之不許，卒客死長安者，安得此術人一決乎？

易字義

《易經》之「易」，《說文》曰：蜥蜴，蝘蜓，守宮，象形[一]也。是易即蜥蜴也。余按《爾雅》及注疏諸書，蜥蜴之形，殊與「易」字不相似。戴侗作《六書故》亦已疑之。古人製字，象形最多，亦最似，而於蟲豸之類，尤不苟作。故「易」字上从「日」，下从「月」，爲東西代明、變易之象是矣。若「說文」下从「勿」不从「月」，而曰此象形也，於蜥蜴之形何象焉？《爾雅·釋蟲》有曰「王蛈蜴」者，注：即螲

〔一〕「象形」，原作「形象」，據《説文》改。

蟷也，似蜘蛛居穴中，吐絲網穴口，有足，河〔二〕北人呼爲蛈蜴。余謂其形實象「易」字，故亦曰蜴，而从勿不从月者，象其足也。且蛈與蜥音相近，或蛈蜴誤爲蜥蜴，亦未可知。況《爾雅》止言蜥蜴，未言蜥蜴之蜴爲易也，即蛈蜴之蜴，亦未明言爲易。然曰象形，則易爲蛈蜴，而非蜥蜴，不待辨矣。《説文》多有可疑，此其一也。

楚子問鼎

楚子問鼎，羅泌以爲妄，謂楚莊賢君，孫叔敖賢相，滅陳且復於申叔之對，入鄭且舍於鄭伯之服，非復前日之頑獷也，周爲共主，彼豈遽然而窺之？又謂鼎非傳國之物，問之何益？亦似有見。第《左氏》所載王孫滿之言，未必皆妄也。余謂九鼎在周，乃上代所寶者，故周公卜洛，亦以安九鼎爲首稱。楚居漢南，嘗聞鼎之名，欲一見之而不可得，故過周之疆，問周之鼎，亦嚮慕之私耳。王孫滿惡其强梗，遂切責之，

〔二〕「河」，原作「江」，據《爾雅注》改。

謂其窺伺神器。而楚子問鼎初心，未必遽至是也。若謂楚實未嘗問鼎，而以《左氏》爲罔，則又不盡信書之過矣。

漢高后答匈奴書

漢高后時，匈奴冒頓遺書曰「願以所有易其所無」，亦誖謾甚矣。高后召群臣議，樊噲欲擊之，季布謂噲可斬，是亦一見。但令謁者張澤報書，即不能直詞切讓，亦宜置有無相易之語於不問可也，今書乃盛自貶損，曰「年老氣衰，髮齒墮落，行步失度，單于過聽，不足以自污」，能無汗顔乎？

夥頤沈沈字義

陳勝既王陳，其故人嘗與傭耕者之陳求見，及見勝殿屋帷帳，曰：「夥頤，涉之爲王沈沈者！」馬、班二史皆同，其下文曰：「楚人謂多爲夥。」《索隱》曰：服虔云：

頣者，助聲之詞也。謂涉爲王，宮殿帷帳其物夥多，驚而偉之，故稱夥頣也。而班固則削去「頣」字，豈以詞助，且上止言「夥涉」，故此不必加一「頣」字耶？王文恪曰：「夥頣，方言也，班書不宜削去。」甚是。若「沈沈」二字，《索隱》未釋，應劭注班書曰：「夥音禍。沈沈，宮室深邃之貌也。沈，音長含反。」余謂沈沈二字亦當是方言，若以爲宮室深邃之貌，則於「夥頣」二字重複矣。沈沈之語，必有所指，今苦未能詳耳。

漢書人物表同名

古今人同名同姓者甚夥，但《前漢·人物表》有一士軼在中上，又有一士軼在中下，相去不遠，殆不可曉，豈有兩軼耶？抑誤書也？

機雲爲顧婦贈答

陸士衡爲顧彦先贈婦，末章結句「願保金石軀，慰妾長饑渴」，是以爲彦先之婦贈彥先也。且士衡既爲彥先贈婦，而士龍又爲彥先婦荅，不知彥先之婦於機、雲兄弟何所瓜葛，而形之翰墨如此。

六朝文法不通

六朝操觚之士，其文法真有不可解者。劉越石贈盧諶詩：「宣尼悲獲麟，西狩泣孔丘。」及盧諶贈劉越石，其詩序有云：「在木闕不材之資，處雁乏善鳴之分。卷異蘧子，愚殊甯生。匠者時眄，不免饌賓。」以「匠者時眄」應「在木」句，以「不免饌賓」應「處雁」句，而於中間乃添入「卷異」「愚殊」二句，上下剌戾如是。

雪月二賦

謝惠連《雪賦》、謝希逸《月賦》，詞藻既同，機軸不異，惠連之賦止多王起爲亂耳。第希逸警語濬於心靈，大非惠連所可彷彿。昭明并録，竊所未安。他且勿論，即惠連起語「雪宫建於東國，雪山峙於西域」，此老學究口吻也，希逸肯道之乎？

韜略非吕望筆

兵家《六韜》、《三略》，相傳爲太公望之書。第騎戰之法始見於趙武靈王，而《六韜》首列，其説何也？余意太公望嘗爲此書，久或亡去，今所傳《六韜》、《三略》，乃楚漢間好事者所補，非望筆也。班固《志》又有《六韜》（下）［六］篇，則周史所作，乃（定）［惠］、襄時人，又曰顯王之世。《崇文總目》謂漢世已失此書，又不知作何語也。

明月夜光

明月夜光，世皆習知其爲至寶，然莫詳其本末。高誘注《淮南子》：漢時中山之國有隋侯，見大蛇傷斷，以藥傅而塗之。後蛇於夜中銜大珠以報之，因曰隋侯之珠，蓋明月珠也。是珠名明月起於漢也。然秦李斯上書已曰「有隋和之寶，垂明月之珠」，和，卞和也，隋者，非漢中山國之隋矣，豈上古故有隋之珠名明月，而蛇所銜以遺中山隋侯者亦即此珠耶？高誘注《淮南》止言漢中山之隋侯珠，是紕漏也。高誘又曰「夜光之珠，有似明月」，是明月珠之外又有夜明珠矣。故班固《兩都賦》上既云「隋侯明月」，下又云「懸黎垂棘，夜光在焉」，亦以明月、夜光爲二珠。而許子重即以明月爲夜光，《吴都賦》亦云「隋侯於是鄙其夜光」，則明月珠亦名夜光，是一珠而兩名也。或一珠，或二珠，經典失詳，故説者參差。第夜光、明月皆珠也，而《西京賦》曰「流懸黎之夜光，綴隋珠以爲燭」，懸黎者，璧也，非珠也。鄒陽亦曰「夜光之璧」，是璧亦有夜光，不特珠矣。《尹文子》曰：田父得寶玉徑尺，置於廡上，其夜光照一室。是夜光爲通稱，不繫於珠與璧也。余謂明月夜光固不繫於珠與璧，凡珠與璧夜中能有光照人者，皆得名之，不必實指隋侯之珠與懸黎之璧也。五臣注《文選》未得其詳，故稍詳之。

珊瑚

珊瑚之名，詳於載籍。《廣雅》曰「珊瑚，珠也」，誤矣。張銑注《西京賦》亦曰「珊瑚，珠樹也」，亦誤。豈其止見珊瑚之製爲珠者，而未見珊瑚耶？珊瑚止宜言樹，不得言珠也。珊瑚生於海中，司馬光《類編》云或生於山，不知何所據。珊，又桑葛切。

輦路

「輦路」二字，世皆以爲車輦所行之路。李周翰注《文選》：「輦路，樓陛也。」《上林賦》「輦道纚屬」，如淳注曰：「輦道，閣道也。」與李説同，是輦道即輦路，皆非道路矣。又甬路亦飛閣之複道，今人以官署墀内之道爲甬路，乃傳誤也。

愼子名姓辨

《孟子》：「魯欲使愼子爲將軍。」趙岐注：愼子名滑釐。《正義》同。朱考亭從之。又按《史記》愼到，趙人。謂愼子即愼到，是到又愼子之名，諸書皆同。但下文「此則滑釐所不識也」，爲愼子自呼。余按古人自呼皆呼名，未有呼字者，豈愼子以滑釐爲名，而以到爲字耶？皆不可曉。《莊子·天下篇》又曰愼子與彭蒙、田駢爲友，學墨子弟子禽滑釐之術。故薛仲常應旂著《四書人物考》，遂以愼子所云滑釐，乃述其師，非自呼其名也，豈師弟同名耶？《姓譜》諸書又以滑釐字愼子，其後以字爲氏，而以滑釐爲愼氏所自出，則益誤矣。愼子之先，當有愼氏，愼之姓非自滑釐始也。

結字即髻字

古有「紒」字而無「髻」字。紒音界，即髻也。《史記·西南夷傳》「魋結」，即魋髻，乃借結爲髻。韓退之《石鼎聯句》「長頸高結」，正用此字。「高結」之下有

「喉中作楚語」句，蘇東坡有云「長頸高結喉」，是不知結即爲髻也，故結讀作髻是也。楊用修乃欲讀凡結髪皆爲髻髪，似誤。蓋結髪即髻，猶讀結爲髻，字義能無重複？

名字相同

古人名字，一族之中且有相同者，豈其族大且衆，不相聞耶？據《左傳》，魯莊公之孫有仲嬰齊，而魯文公又有孫曰公孫嬰齊。仲嬰齊者，公孫嬰齊之從祖，又且同時，而名同，何也？鄭有公孫段，字子石，而印段亦字子石，乃公孫段從父子也。士文伯亦范宣子之族，而與宣子同名，見昭公六年《傳》，此不可曉。

冠服不必反古

今人行誼文章皆不求如古人，惟於冠服間動必以古爲式，所稱生今反古者，非耶？昔司馬温公依古式作深衣、幅巾、縉帶，每出，朝服乘馬，用皮匣貯深衣隨其後，入獨樂園則衣之。嘗謂邵康節曰：「先生亦可衣此乎？」康節曰：「某爲今人，當服今時之衣。」温公嘆其言合理。生今反古者思之。

袴制

褌即袴也。古人袴皆無襠。女人所用皆有襠者，其制起自漢昭帝時，上官皇后爲霍光外孫，欲擅寵有子，雖宫人使令，皆爲有襠之袴，多其帶，令不得交通，名曰「窮袴」，今男女皆服之矣。

禱夢九鯉湖

閩中九鯉湖，禱夢者響應靈異，無虚禱者，然亦於事後乃驗，或有當人之身不驗，身後子孫始驗者。余庚子請告南歸，經過其地，僕夫以禱夢請。余謂之曰：「吉凶禍福，我既不能前知，即前知亦豈能移易者，禱之何益？」

延篤掛名常侍碑陰

趙明誠《金石録》載漢中常侍州輔碑陰，其鄉人爲輔立碑者題名，自漢陽太守而下，凡四十有九人，惟延篤叔堅見《漢書》耳。明誠謂：「東漢名卿賢大夫死，則門生故吏爲之立碑，而題其陰。延叔堅當代顯人，乃挂名於閹豎之輩，似亦可耻。」余謂不然。叔堅嘗有書與李文德矣，此豈出入閹豎之門者？且叔堅後坐鉤黨廢錮，鄉里至圖其形於屈原之廟，非終始無庇，安能有此？洪适因引漢靈帝時太丘長陳仲躬吊中常侍張讓歸葬潁川事以釋之，便自快然。蓋時政既惛，達而得位則正色立朝，不可朋奸，此經也；身退窮處則同塵，所以遠害，亦一時之權，君子所不廢也。叔堅居里，而同郡爲閹豎勒石，借其名以爲重，叔堅豈得而拒之乎？此非門生故吏之比，明誠又何疑焉？

坡公論畫竹

蘇子瞻畫竹，從地一直起至頂。米芾問：「何不逐節分？」子瞻曰：「竹生時何嘗逐節生？」及作《文與可篔簹谷畫偃竹記》，有曰：「竹之始生，一寸之萌耳，而節葉具焉。自蜩蝮蛇蚹以至於劍拔十尋者，生而有之也。今畫者乃節節而爲之，葉葉而累之，豈復有竹乎？故畫竹必先得成竹於胸中，執筆熟視，乃見其所欲畫者，急起從之，振筆直逐以追其所見，如雕起鶻落，少縱則逝矣。與可之教予如此，予不能然者，內外不一，心手不相應，不學之過也。故凡有見於中而操之不熟者，平居自視了然，而臨事憒焉喪之，豈獨竹乎？」余謂此言不獨畫竹爲然，即推而山水諸丹青，又推而臨池，又進而天下國家，何事不然？是東坡言技，乃言道也。

坡公詩文

蘇東坡絕世之才，早年學詩，獨宗劉禹錫而不及王、楊、盧、駱、高、岑、李、杜諸公。晚年雖曰學李青蓮，其得意處雖迫真，然多失於粗，止能爲白居易，則以信手拈來，不復措意耳。又言平生不好司馬《史記》，然其文多有模倣司馬者。朱考亭謂坡公晚年海外文字，多是信筆胡説，全不看道理。此又非知坡公也。

佛字辨

今人以佛爲覺。余嘗求之，不得其説。使此「佛」字爲西方所製，則譯之爲覺可也，第佛未入中國時，先有此佛字矣。《曲禮》曰：「獻鳥者佛其首，畜鳥者則勿佛。」〔一〕佛者，拗戾而不從之言也。又《釋名》曰：「彿，佛也，言牽引拂戾以制馬也。」是佛即爲拂，而古文拂作弗，又作弜。古人觀象而後制字，以兩弓从一矢，拂之謂也。是佛者，拂人者也。其棄父母，離妻子，山河大地一切而歸於空，皆拂之謂也。以佛爲覺，蓋譯者尊信其説而故爲此美釋耳，不知西方本來果以佛爲覺乎？即此一字而譯者失之，

〔一〕「佛」，按今本《禮記・曲禮》皆作「拂」。

則五千八百卷中皆以漢語譯之者，一一皆西方本來意義乎？請以質之事佛者。

瘧病聖人

周武王克商之二年，即病瘧。是瘧且病聖人也，何問君子？周公雖以身代告天，然武王竟以此疾不起，乃知人之壽夭皆定於天，雖忠如姬旦，亦不能回天也。

大麓辨

《書》「堯納舜於大麓」，孔安國輩以爲大録萬機之政，而桓譚《新論》亦以爲領録天下之事，若今之尚書然。故東漢始以牟融録尚書事，蓋本於此。後代多因之，故有以「大麓」爲三公之位者，王克已非之矣。張九成曰：處之深林大澤之間，謂觀聖人者，皆當自其難堪處觀之耳。堯之知舜，豈待以難堪者試之哉？惟《大傳》曰：「堯推尊舜，屬以諸侯，致天下於大麓之野。」應劭云：「麓者，林之大也。」鄭康成云：「山足曰麓」。羅長源得之，其説曰：「古者天子以大事命諸侯，則爲壇於國之外，堯聚諸侯，以命舜陟位居攝，致天下之事，欲天下諸侯皆明知舜之受命也。」是可以剖千古之惑。但長源又云：「因地譬意，大麓者，大録天下事也。」是又於前妄未盡祛也。余謂「納於大麓，烈風雷雨不迷」者，或當納麓之時，適有烈風雷雨，而舜偃然自若，殊無驚怖，見其鎮定耳。夫震雷虩虩，不喪匕鬯，舜能不迷於烈風雷雨，此非超越尋常，足以當天下之大任者乎？故舜之授禹，亦有納麓烈風雷雨之事。蓋告終易代，皆上關天意。堯授舜，舜授禹，而納於大麓，皆有烈風雷雨，或天以此而試舜、禹，亦未可知。故當此受禪之日，烈風雷雨不迷，是足以任天下之大，而天遂與之矣。如後代有禪位者，登壇之日，雷雨震電，遂至顛隕不能成禮者，視舜、禹之不迷，益可見也。此謂天以此試舜、禹，理或有之。而堯以此試舜，舜以此試禹，則後儒之妄也。

經與傳各行

漢初爲傳注者，皆與經别行。《春秋》三《傳》之文，亦皆不與經連。故石經書

《公羊傳》，并無經文。至馬融爲《周禮注》，乃云欲省學者兩讀，故具載本文。是後漢以來始就經爲注也。

三字名辨

人名未有三字者，楊用修以戰國董之鼜菁，謂「之鼜菁」是三字名也，余不敢以爲然。《左傳》介之推、燭之武，介與燭皆地名，兩「之」字，皆語助，非名也。董之鼜菁「之」字，即同介之推、燭之武「之」字，猶云稱楊用修「楊之用修」云爾。

論語微子篇

《論語·微子篇》凡十一章，一微子去之，次柳下惠三黜，次孔子去齊去魯，次楚狂，次長沮、桀溺，次荷蓧丈人，次逸民，次太師輩去周。此皆門人叙述聖賢出處大致。而於末乃綴以周公謂魯公章，綴以周有八士章者，何居？余謂周公謂魯公章，大意言所厚者薄，則無往不薄，親而可施，又何有於賢士大夫？大臣不以，則必愎狠而信任小人；無大故而棄故舊，則新間舊、小加大矣；求備一人，則賢才有弗獲自全者矣，此尚可仕於其朝耶？非此四者，聖人固不忍去其國也。故三人之或去或死，柳下惠或絀或處，孔子之去齊去魯，樂師之適齊適楚，意可知矣。彼接輿、沮溺輩，何足以語此哉？而終之以八士者，蓋慨慕於盛朝，謂八士何幸而生於其時，以樂行其志，不至於爲三仁，爲柳下惠，爲樂師云爾。甚矣，孔門弟子善於述聖志也！

二王名字之繆

字學之難，不特今人也，晉人善書，第不甚解字義。如王氏父子，名羲字逸少，名獻字子敬，殊不可曉。羲有純義，於逸何與？獻有成義，於敬何與？父名羲，子名獻，尤爲可笑。《禮含文嘉》曰：「羲者，獻也。」《後漢書・王莽傳》「立斗獻」，獻音羲，《禮器》「羲尊」[一]，即《周禮》「獻尊」，故叔獻亦作叔戲，戲與羲通，故羲與獻通。父子立名，豈可苟者？羲、獻名雖異而義則同，甚矣晋人之不識字也！

針砭藥餌

世皆知神農嘗百草，而《孔叢子》及《世紀》皆謂伏羲已先爲之，并製九針以拯夭枉。余意百草之嘗，始於伏羲，而特詳於神農耳。余又按《靈樞經》岐伯對黄帝以九針，是針亦古已有之矣，非始於黄帝也。治病者惟針之效最神。疑古先有針，而後有藥餌也。針本以石爲之，名曰砭，後世乃易以金耳。故曰藥石者，謂藥與砭，非謂金石之石也。

寇萊奢儉不同

寇萊公寢處一青幃二十餘年，時有破壞，益命補葺。或以公孫弘事靳之，公曰：

[一]「羲」，按今本《禮記·曲禮》作「犧」。

「彼詐我誠，雖弊何憂？」然知鄧州時，製花蠟燭不點油燈，罷官日，厠溷間燭淚在地，往往成堆，何此奢而彼儉也？青幃之弊，豈真異於公孫？

觔斗

今人以頭豎於地，以脚番上，爲觔斗戲。諸書皆作「觔斗」，惟孫吾與《韻會定正》於十五堅末收「跟」字，注：「脚跟也，又跟頭戲倒頭爲跟也。或作㫰。」則「觔斗」字當從孫吾與爲「跟頭」，謂以頭爲跟也。今作「觔斗」，兩字皆誤。

劉表工書

今人皆知臨池家有鍾元常，而不知元常有同學友胡昭，又不知元常與昭皆受書法於劉景升也。董北苑曰：「劉景升爲書家祖師，鍾、胡皆其弟子。昭肥繇瘦，各得一體耳。」今景升遺蹟絶無存者。《藝文志》有《劉表集》，亦已久亡。獨《三國志》載表《與袁尚兄弟書》，其筆力不減崔、蔡之流。而表初又爲黨人，在八及之列，其文行如此，宜乎書法之工也。

有餘不足

人間世自有參差不能如一者，自是正理。如周天有三百六十五度四分度之一。夫三百六十度可矣，而必加之五，又加之以四分度之一。一歲有十二月、二十四氣、三百六十日，宜無餘欠矣。然氣則盈而朔則虛，故律之數必有空積忽微，玄之數亦有奇零假借，是天地造化猶不能無有餘不足，而况於人乎？

水銀

水銀一曰汞，《廣雅》謂之澒，音同。《本草圖經》曰：「水銀生符陵平土，今出秦州、商州、道州、邵武軍，而秦州者來自西羌。乃於山石中採粗次硃砂，作鑪，置砂於中，下承以水，上覆以盆器，外加火煆養，則烟飛於上，水銀溜於下，是以人力製之而後成者。」陶隱居曰：「水銀有生熟。生符陵平土者，是出硃砂腹中，亦別出沙地。」今不聞有此。至於西羌來者，彼人亦云皆燒煆也。及按《西粤志》云：泗城州出水銀，取之之法以人。其用人從外境市之，或逃走僮僕，或奸商縛雇役人，往售至其家。初以酒飯飼之，三日即引至水銀坑中，挖窟埋之，露其首。三日，其人癢不可忍，號呼徹天。乃以鐵鏟去其首，仍埋之。數日取出，則滿腹腸胃指甲骨髓中皆水銀矣。安南國近憑祥州地，亦有水銀坑取法同，是與《本草》異也。

焦仲卿妻

焦仲卿妻劉氏，後人常悲其以嚴姑見逐，卒能守志殺身。余讀其詩，氏非賢婦也。姑雖呵責，始未相逐，乃氏自請去耳。一還其家，爲弟兄所逼，遂適太守之郎君，此可謂守志不移耶？其舉身赴清池，乃遇仲卿於途，要之以死，恐非其志也。

夏世最文

夏尚質，周尚文。余以爲夏固不質，而周亦不文也。無論夏之九鼎，以圖像物者，想其工巧，必非周所能作。即今《考古》、《博古》二圖所載周之鼎彝諸物，已不能如商之工巧，何問夏哉？又如《禹貢》一書，其文章之妙，亦豈《周書》諸篇所能彷彿？乃知天下至文，必在於質，以文爲文，其文陋矣。

字學之難

漢興（尉）［草］律：太史試學童，能諷誦（籀）書九千字，課以（八）［六］體，乃得爲史。吏民［上］書，式不正，輒舉劾之。[一]石建爲郎中令，奏事下建讀之，驚恐曰：「書『馬』者與尾而五，今乃四，不足一。獲譴死矣。」字學之重如此。乃馬援上

[一] 以上據《漢書·藝文志》校改。

書：「臣所假伏波將軍印書『伏』字『犬』外嚮。城皐令印『皐』字乃『白』下『羊』，丞印『四』下『羊』，尉印『白』下『人』，『人』下『羊』，即一縣長吏，印文不同，恐天下不正者多。符印所以爲信，邑所宜齊同。宜薦曉古文字者，事下大司空，正郡國印章。」是當重字學之漢，而印章乃朝廷大信，猶差謬若此，况今日不講字學之時乎！

班固賦用騶虞

《毛詩·騶虞》序曰：「蒐田以時，仁如騶虞也。」班固《兩都賦》遂以騶虞爲蒐田之名，而曰「歷騶虞，覽駟鐵」。然則《詩》言《雎鳩》以美后妃之德，今之呼賢婦人者亦可以「雎鳩」呼之耶？

翡翠屑金

「翡翠屑金，人氣粉犀」，古有是語。余嘗試之，人氣粉犀誠然，獨翡翠屑金不知其解。偶閲一小説，乃知玉有名翡翠者，其色如翡翠，以之磨金，隨手而屑。但此玉世不常有，未知然否。

服玉屑

魏李預好服玉屑，而不戒酒色，遂至病篤，乃謂妻子曰：「服玉者必屏居山林，排棄嗜欲。」余謂守此二言，何必服玉？

西方聖人辨

《列子》述孔子「西方有聖人」之語，林希逸謂即佛也，至今學者皆然其説。惟邢延舉據《國語》有云「西方之書有之，曰懷與安，實疚大事」，注云：周［也］，《詩》有「誰將西歸」及「西方之人」，皆謂周也。如《列子》所述，孔子稱西方聖人，果有是語，當謂文王，於佛何與？余得此爲之豁然。第隋王通自稱儒者，亦指佛爲西方聖人，何惑乎今之世也？

齊鎛鍾銘

妣，母也；考，父也。父先母後。《周齊侯鎛鐘銘》「皇祖皇妣，皇母皇考」。既云妣，又云母，先言母，後言父，未詳其義。

鸘鷞

鳳之自西方至者曰鸘鷞，至則主疫，不祥鳥也。古人乃以其羽爲裘，不知其解。

花蕊夫人

孟蜀時花蕊夫人有宮詞，膾炙後世，然夫人在蜀，不足多也。蜀後主之母順聖徐太后，及其姊彭王之母翊聖太妃，尤能詩。乾德中，姊妹以巡禮聖境爲名，凡駐輦處，皆有題咏，鎸於金石。今載在《豪異秘纂》者數十篇，皆綺麗有致，殊非粉黛口吻，其風格出花蕊上尚數塵也。獨前後二主文詞不少概見，諸妃后得無對牛彈琴乎？後人以蜀之亡皆由於此，余謂不然。周之后妃，篇章具在，而周道以昌。夫婦人能文，亦何足損乃公事？且孟蜀之國事可知，即非二后，亦能保其不亡耶？余按諸傳記，花蕊夫人姓費。陶九成《輟耕録》曰：夫人乃徐匡璋女，實拜貴妃。號曰花蕊者，以喻其美也。不知與順聖、翊聖同族否？胡蜀之徐氏女能文若是衆也？

疑耀卷三

八分隸楷辨

書家先有古文，次有籀文，籀文即大篆也。次有小篆，李斯損大篆而爲之也。次有隸，秦政時法令繁劇，軍期嚴迫，大小篆難猝就，乃約之而爲隸，以其可施於徒隸，故曰隸。或云程邈所作，邈故徒隸也。其法簡而且易便於佐使，又曰佐書。或又云王次仲所作，李陽冰曰：「王次仲始作八分，以當時隸字少波勢，乃增之，因其字方八分，遂以爲名。」蕭子良曰：「漢靈帝時，上谷亦有王次仲，與秦時王次仲同姓名，亦常作八分書，鍾元常謂之章程書。此八分書所由始也。」蔡文姬曰：「割程邈字八分取二分，割李斯小篆二分取八分，故名八分。」則與陽冰「字方八分」之説又異。漢石經者，蔡邕所書，即八分也。元常善八分，有隼尾波，今《泰山銘》即此體。是古之隸與八分有波勢無波勢微異，非兩法也。程迥曰：「東漢以來，碑刻皆用八分書，如程邈書是也。」今見古帖隸書，自是今之小楷。孫過庭《書譜》謂：「元常專精於隸書，伯英尤工於草體。彼之二美，逸少兼之。」過庭所指元常隸書，即今所傳《力命》、《宣示》二帖，是又以真行爲隸矣。故蕭子雲啓勅旨，以「逸少不及元常，子敬不及逸少，因此研思，遂悟隸式」，與過庭之説相同。歐陽《集古録跋》則以隸與八分爲一。趙明誠《金石録》又云：「隸者，今之楷書，亦曰真書。」是八分也，隸也，楷也，似皆一體也。黄長睿曰：「自秦易篆爲隸，漢世去古不遠，當時正隸之體，尚有篆籀意象。魏晋以來，元常、士季及王世將、逸少、子敬輩，始創作小楷，皆遷就漢隸，運筆結體尚圓而雅淡，其字率扁而弗擶。今傳世者，若元常《力命》、《宣示》二表，世將《上晉元帝》二表，逸少《曹娥帖》，大令《洛神帖》，雖經摹拓，而古隸典刑具存。至江右六朝，若謝宣城、蕭挹輩，雖不以書名世，而其小楷若《齊海陵王志》、《開善寺碑》，猶有鍾、王遺範也。惟陳隋間正書，則結字漸尚方而不尚圓，然猶依倣漢隸一二。唐初亦爾也，及歐陽率更、虞永興出，乃易方爲長，以就姿媚，後人競效之，鍾、王楷法彌遠，而漢隸遺意無復存矣。是八分與隸及楷，唐以前皆作一體，唐以後隸與八分爲一體，而楷遂自爲一體矣。故今之楷全無隸意，則歐、虞壞之也。」余謂今之楷書不宜謂之楷，只宜謂之今隸，而漢之隸爲古隸可也。

丘明非姓左

左丘明，古今相傳丘明名，左姓也。余偶閲一小説，吴興地名丘墓者，一村皆姓丘，有大碑列其族黨，稱左史丘明之後，云明爲魯國左史，則左者乃史官之名，如左史、右史之左，而丘乃姓，明乃名也。是必有所據，故表而出之。

蚩尾誤作鴟

今宫殿鴟尾之鴟，非「鴟」也，乃「蚩」字。漢武帝作栢梁殿，恐有火災，乃飾以蚩尾。蚩蓋海獸之名，水之精也，可以厭火。今作「鴟」，殊誤。

障車文

世皆知古有催妝詩，而不知有障車文。唐天祐中，南平王鍾傳女適江夏杜洪子，時及昏暝，令人走乞障車文於湯篔。篔命小吏四人，各執紙筆，倚馬而成。今其文不傳，想亦催妝之類也。

射策之制

今人皆知科場對策爲射策，謂如射覆之射是也。《唐摭言》載漢射策，謂列數策於几案上，令士人以矢投之，隨所中之策而對之。或亦一説也，但考漢制并無此説，不知其説何所據。

烏鬼之辨

杜工部「家家養烏鬼，頓頓食黄魚」，沈存中以烏鬼爲鸕鷀。《碧谿詩話》引元稹詩「病賽烏稱鬼，巫占瓦作龜」，稹自注云：「南人染病，競賽烏鬼。故砮溪以工部所稱烏鬼爲神鬼，非鸕鷀也。」余嘗疑之，謂稹或得於傳聞，故戲而入詩耳。一日讀稹集，有《聽人彈烏夜啼引詩》，乃謂作拾遺時被謫，其妻竟禱於烏鬼，始得還官，則是實賽烏鬼也，而烏鬼乃鬼神矣。第烏鬼不知何神，而稹之妻禱之，稹信之，殊足掩口。若工部所稱烏鬼，則沈説爲正，砮溪爲謬。蓋下有「食黄魚」語，非鸕鷀而何？

晁無咎能畫

唐以後文人未有不能畫者，如晁無咎，未嘗以畫名，偶閲《陳後山詩集》，有《晁無咎畫山水扇詩》，云：「前生阮始平，今代王摩詰。偃屈蓋代氣，萬里入方尺。」則無咎之畫亦有足觀，惜世不傳耳。若阮始平能畫，《畫譜》亦未嘗載，後山詩可以補其闕矣。

韓昌黎白太傅皆惑於服食

韓昌黎文起八代之衰，蘇東坡稱之，謂其「一言爲天下法」。以余按之，有可疑者。昌黎諫佛骨矣，晚乃與佛子大顛遊，又作李干墓誌，歷叙以服食敗者數人，爲世誡，而晚年復躬蹈之。白樂天有詩曰：「退之服硫黄，一病訖不痊。」是昌黎知誡人而不知自誡也。然樂天既知誚昌黎，亦好言服食事，嘗有詩曰：「金丹同學都無益，姹女丹砂燒即飛。」其序云「予與故刑部李侍郎早結道友，以藥術爲事」，乃知異端易惑，即高明之士亦所不免也。古詩「服食求神仙，多爲藥所誤」，二公豈未之聞耶？

男女兩體

一友人嘗謂余言：今武進縣尚書某者，其夫人半月爲男，半月爲女。爲男時能御女，自置妾媵。余始疑焉，後閲諸傳記，則往往有之。晉惠帝時，京洛有人具男女兩體，亦能兩用人道，而性尤淫亂，《晋·五行志》謂之「人痾」。宋趙忠惠帥維揚日，其僚友趙參議者，有婢甚慧黠。參議欲私之，堅拒不從。疑有異，强即之，則男體也，遂聞於有司。蓋身有兩形，前後奸狀不一，乃寘極刑。元有李安民者，嘗於閩之福州得徐氏處子，年十五六，交接一再，漸具男形，與池州李氏女及婢添喜私通事正相類。

張師正《採異録》：景祐中，廣州舶商韋某，女年十歲，變爲男子，與侍婢交，有孕。嘗與吴舍人湣同學，好讀《文選》，雖鬚出於頷，然舉止言譚猶婦人也。彼武進尚書夫人，何足訝哉！然《玉歷通政經》曰：「男女兩體，主國淫亂。」此非太平之世所宜有也。《大般若經》載四種黄門，其四爲博叉半擇迦，半月能男，半月能女。《二十八宿真形圖》，心、房二星皆男女兩形，更爲雌雄。《異物志》：靈貍者，自爲陰陽，故能媚人。若此輩者，豈博叉半擇迦及心房二星、靈貍所化生耶？第諸傳記所載皆非令善，武進尚書夫人獨富貴終身，則不得其説矣。

詠花不語

牡丹有名醉西施者，韓昌黎詩「對客偏含不語情」，羅隱詩曰「若教解語應傾國」，蘇東坡詩「不如此花不解語，世間言語原非真」，三公皆詠不語，而一解轉深一解矣。

滕王蛺蝶圖

滕王《蛺蝶圖》，歐陽《歸田録》以爲滕王元嬰。余按《畫斷》，乃元嬰之嗣王湛然者，畫蛺蝶雀兒曲盡其妙，非元嬰也。

婦人自稱

衛夫人者，尚書李充之母，常以夫姓自稱爲李衛。今婦人自稱宜倣之。

瓊奴

宋時永安驛廊東柱有女子題一詩，云「無人解妾心，日夜長如醉。妾不是瓊奴，意與瓊奴類」，不書姓名。陳後山有詩二首紀之，然亦未詳瓊奴出處。余偶閲《青瑣高議》，乃得之。瓊奴姓王氏，爲郎中王某幼女，父死，失身於趙奉常家，爲主母凌辱，道出淮上，乃自書其事於驛壁。見者哀之，王平甫有歌紀焉。則永安驛題詩之女子，亦必名家子嫁爲人妾而失意者也。

宋紙背面皆可書

顏文忠每於公牒背作文稿。黄長睿得雞林小紙一卷，已爲人書鄭、衛《國風》，復反其背，以索靖體書章草《急就》二千一百五十字。余嘗疑之，自有側理以來，未聞有背面皆書者，顏乃惜紙，黄或好奇耳。余幸獲校祕閣書籍，每見宋板書，多以官府文牒翻其背以印行者。如治平《類篇》一部四十卷，皆元符二年及崇寧五年公私文牒牋啓之故紙也。其紙極堅厚，背面光澤如一，故可兩用。若今之紙，不能爾也。

衚衕

今京師呼巷爲衚衕，蓋胡語也。世以爲俗字，不知《山海經》已有之：食蠱鳥可以止衕。郭璞注：「治洞下也。音洞。」又飛魚食之已痔衕。獨「衕」字尚未經見。

骨肉相關

宋楊敬仲曰：「仕宦以孤寒爲安身，讀書以饑餓爲進道，骨肉以不得信爲平安，朋友以相見疎爲久要。」此誠理到語。余於仕宦、讀書、朋友請從事矣，獨骨肉一語不能如命。衰慈八十，膝下止萱一兒，宦遠禄微，不能迎養。亡弟一兒，猶未成立，平安之耗，兩目欲枯。若於此事可不相關，尚何事可相關耶？

給事中不宜稱黄門

今人稱給事中爲黄門，蓋始於漢，而不知其誤也。余按《漢·輿服志》「禁門曰黄闥，内人主之」〔二〕。黄門即黄闥也，内人者閹人也。漢給事中位次中常侍、侍中、黄門之下，是黄門止可以稱宦者，不可稱給事中也。但《漢舊儀》又曰：「黄門屬黄門令，日暮入對青瑣門拜，名曰夕郎。」夫曰入對青瑣門拜，則又非宦者。是給事中之呼爲黄門，自漢已誤矣。蓋黄門本宦者之稱，以其所司者黄門耳。給事中不司黄門，而可以黄門稱之耶？

二千石

世皆知郡守爲二千石，不知在秦時郡之尉亦秩二千石也。尉掌佐守，典武職甲卒者。

〔二〕 此語見於《宋書·百官志》引董巴《漢書》曰，而「内人主之」作「中人主之」。今《漢書》無此文。又《後漢書》方有《輿服志》。

五星聚

五星之聚，自周文王七年孟春，五星聚房，春秋時齊桓公將霸，五星聚箕，漢高祖入關，五星聚東井，安禄山反，天寶九年五星聚尾箕，宋乾德五年三月二十七日，五星聚奎，皆載在史傳者，凡四而已。《李鄴侯家傳》謂肅宗復長安，其年五星亦聚東井，唐史未載。是自周及宋，五星凡五聚也。天寶九年之聚無論矣，即齊桓之霸，亦何德以致之耶？語曰「天道遠」，信矣。

婦人以父姓爲名

古者婦人不稱名，出嫁之後，即以父之姓爲名，如春秋王姬、齊姜、宋子之類是也。故姬者，周之姓也，如齊稱姜，宋稱子耳。後世字學不明，以姬字爲女人通稱，已誤。漢有薄姬、栗姬、憲姬，是又以姬爲妾矣。蔡京當國，改公主爲帝姬，更足掩口。時公主乃趙姓，既於姬不合，豈以帝之女可爲人之妾耶？宋人精於考究，而當時卒無一人駁正者，則爲京之權所怵也。

七均七始

宫商角徵羽，五音也。曰七均者，有變宫、變徵，是爲七也。宫與商、商與角、徵與羽相去皆一律，角與徵、羽與宫相去獨二律。夫一律則近而和，二律則遠而不相及，不能和也。五聲之序，宫生徵，徵生商，商生羽，羽生角，至角則窮，故至角乃隔八下生，其位與宫相比，謂之變宫。是羽聲雖距正宫二律，而距變宫止間一律也。變宫又隔八上生，其位與徵相比，謂之變徵。是角聲距正徵雖間二律，而距變徵亦止間一律也。正聲五，變聲二，每律用七聲爲均，相和以均調，故曰七均。七聲迭用，以終始一調，故曰七始。

雲南荔枝

荔枝，閩、廣、四川有之，他處未聞。元李京《雲南志》「土獠蠻以採荔枝販賣爲業」，當是荔之枝，非龍眼、荔枝之荔枝也。

習流

《史記》「越伐吴，使習流二千」，《索隱》謂流放之罪人，《正義》謂流利慣熟，皆誤。吴水國，習流者，謂習於水戰也。

文正美謚

文正之謚，美謚也。宋時得此謚者，惟吕蒙正、王欽若、司馬光、王曾、范仲淹、鄭居中、蔡卞、陳康伯八人而已。後張知白、夏竦皆欲得此謚，而司馬光論其不可，故知白謚文節，竦謚文莊，其嚴如此。若李公昉、王公旦，《謚法通紀》亦曰謚文正者，非也。二公原謚文貞，後避御諱，世遂呼爲文正耳。然欽若與卞何物，而亦得謚文正，何也？

石奴

後魏時，諸王孫貴臣多服石藥，每病輒稱「石發」。陳後山有詩「服石爲石奴」，言爲石所使也。石奴二字亦新。

茶用鹽薑

烹茶今未聞有用鹽薑者。薛能《烏嘴茶》詩「鹽損添常戒，薑宜煮更黄」，東坡《和寄茶》詩「老妻稚子不知愛，一半已入薑鹽煎」，陳無已《乞茶》詩「愧無一縷破雙團，慣下鹽薑枉肺肝」，是唐宋以前茶皆用薑鹽也。有友人嘗爲余言，楚之長沙諸郡，今茶猶用鹽薑，乃爲敬客，豈亦古之遺俗耶？

白牯青奴

《傳燈録》：長沙岑和尚有曰「貍奴白牯却知有」，白牯蓋謂水牯牛也。陳後山

《齋居》詩有云「青奴白牯静相宜，老罷形骸不自持」。青奴二字，黄魯直云：「趙子充〔示〕《竹夫人》詩。凉寢竹器，憩臂休膝，似非夫人之職，宜名曰青奴。」及任淵注陳詩，以白牯爲白角簟，乃借用以對青奴也，恐未必然。青奴是竹器，疑白牯是簟，固是的對，第後山詩博而核，萬無如此借用者。或白牯别爲牀第物，當是鄉語耳。

秦法棄灰

秦法，棄灰於道者棄市。此固秦法之苛，第棄灰何害於事，而苛酷如此？余嘗疑之，先儒未有發明者。偶閲《馬經》，馬性畏灰，更畏新出之灰，馬駒遇之輒死。故石礦之灰，往往令馬落駒。秦之禁棄灰也，其爲畜馬計耶？一日又閲《夏小正》及《月令》，乃畢得其説：「仲夏之月毋燒灰」，鄭氏注謂「爲傷火氣」是矣。是月王頒馬政，游牝别群，是毋燒灰者，亦爲馬也。固知棄灰於道，乃古人先有此禁，但未必刑之如秦法。古人惟仲夏乃行此禁，秦或四時皆禁，故以爲苛耳。

臧文仲

臧文仲，《左傳》言其不仁者三，不知者三，先聖又謂其竊位，其人品可知。第古今「三不朽」之言，首發之者，文仲也，在當時亦必能立言者。今傳於世無幾，豈以其人廢言耶？抑遺逸多也？

至老稱詩

麗相國籍喜稱詩，即相府幾務冗雜，而吟咏不絕口。及疾亟，猶手録十餘詩，以示司馬溫公，復書其後曰：「欲令吾弟知老夫病中尚有此意思耳。」其字已慘澹難識，後數日薨。今操觚之士，一入仕籍，便絕口不復稱詩，且以此道相戒，此固汩没於世態，蓋亦於此道淺，故不得不棄去耳。

樂府譌缺

《風》《雅》滅而《離騷》作，《離騷》又廢，樂府繼之，此詩之正宗也。樂府者，漢之鐃歌是也。當時採於民謠，雜以趙、代、秦、楚之風，而傳世永久，訓詁譌缺，至有不可曉者。自《樂府解題》出，而後稍稍能發明，然今之辭存而可以測其義者，不過一十八篇耳。前後文人擬而作之，無慮百數，大率不宗本旨，或自立新意，以句讀富贍爲雄，且言語淺陋，皆失古人之意。又題解出於二三子之手，或智識淺薄，不能究見其微，使後之學者無所依據，故千載之間，竟無定論，特存其名句而已。如《思悲翁》一篇，有「奪（翁）［我］美人」「梟子五梟母六」之句，以理推之，必無五子而六母也，大意以梟爲不順之鳥，言母攜其子捨己從人而去，力不能取，故發於音聲而悲怨之；今究其義，則似是言五子與母併其數爲六也。又《有所思》一篇，乃男女相絕而相怨者，其言摧折之，焚燒之，與君斷絕，不復相思，不爲已甚乎？以此喻君臣，則非三宿而後出晝之義，以此喻夫婦，則略無忠厚之旨，豈若《氓》之詩，猶有道其宿昔，拳拳不忍之意乎？余嘗欲變其本旨，謂與君雖絶，專思君庶，可補於風雅，而有益於世教也。尚當與博古者再詳之。

官吏不得受監臨飲食

漢法，凡吏受監臨飲食，皆免官。景帝時以爲其法太重，更議著令，於是丞相、廷尉議：「凡吏及諸有秩者，受其官屬所監所治所行所將飲食，計償費，勿論。」故此時吏亦得受監臨飲食也，第必須償費乃可，如不償費，則猶免官。故卓茂爲密令，民有言部亭長受其米肉者，茂雖不爲聽，然是時受監臨飲食之禁尚嚴，故民得以言亭長耳。因念戰國有以二卵棄干城之將者，漢法實始於此。此法至宋時猶守之，故賈漸起請除舊例，送酒食外，不得買置金帛作土風贈遺。及省司參詳，今後以公使錢買置珍異等物，及見錢送與人，皆從違制定斷，其收受人坐贓論，其有公使錢人受還答之物入已，准盜論。時曹修知鎮戎軍，受鄰人公用酒，已而自首，法司竟坐贓論廢。於是司馬温公以爲：「舊條之意，明許以酒食相遺，其有公使錢人受還答之物，止謂珍異見錢耳。今曹修止於尊酒，隨而自首，已爲刻薄，法官又以贓罪加之，剖析一條以爲二事，不察人情，不顧大體，非厚道也。自後所犯如上條，必須贓滿五疋以上，方得科罪，其不滿五疋及以飲食相饋餉者，皆勿論。」遂爲令。嗚呼！古多廉吏，固自古風然，而古法之嚴如此，雖欲不廉，得乎？今苞苴公行，至以餽遺厚薄爲官殿最，安得賈漸起、曹修輩起而按之？

婦人裸撲爲戲

宋嘉祐間，正月十八日上元節，上御宣德門，召諸色藝人各進技藝，賜與銀絹。内有婦人裸體相撲者，亦被賞賚。夫婦人相撲，有何可樂，且上有天子，下有萬民，后妃侍傍，臣僚縱觀，而使婦人裸戲於前，何以隆禮法、示四方乎？余初疑此或偶爾爲之，後閲司馬温公劄子有此一議，乃知此戲原置樂籍中，又民間街市亦以此聚衆爲戲，不知始於何時有此不美之俗也。

司馬光辭知制誥

宋朝凡知制誥者，皆先試官久而後用，故司馬溫公以修起居注試知制誥矣，及實授知制誥，凡九上辭免，乃改天章閣待制。後治平四年，復除翰林學士，亦三劄辭免。夫溫公豈不嫺於詞命者耶？其辭知制誥第三劄曰：「自知文字惡陋，又不敏速，若除拜，稍多詔令填委，必閣筆拱手，不能供給。縱復牽合，鄙拙尤甚，暴之四遠，爲人指笑。」及辭翰林學士第三劄亦曰：「禀性愚鈍，拙於文詞，若使解經述史，或粗有所長，於代言視草，最其所短。」此固公謙損之語，然以余閱公生平文字，其於詞命之體果不盡合，是人各有能不能耳。今代知制誥者，皆循資而用，不問能否，何怪乎四遠指笑乎？

陰陽地理之説

陰陽之書，使人拘而多畏，至於喪葬，爲害尤甚。是以士庶之家，或求葬地，擇歲月，至有累世不葬者。余按古者葬期，天子七月，諸侯五月，大夫三月，士踰月，葬於北方北首，未嘗問歲月、相山陵也。然考其子孫之吉凶，亦豈有異於今哉？《春秋》書己丑葬恭嬴，雨，不克葬，庚寅日中乃葬；丁巳日葬定公，雨，不克葬，戊午日下昃乃葬。是雖卜日，亦不拘拘於日也。《周禮》冢人掌公墓之地，先王居中，以昭穆爲左右，不擇地形。然而周有天下三十六王、八百六十七年，地之吉凶又何論焉？若欲夫葬者，藏也，本以安祖考之形體，得土厚水深，高敞堅實，而祖考安則可矣。若欲爲子孫求福澤，至延歲月，令祖考遺體暴露而不得藏，是欲子孫安而不必於安祖考也。仁人孝子，豈其然乎！

餐菊

《楚詞》「餐落英」，菊英也。今人餐菊者皆生餐之，亦未聞有烹炮者。温公《晚食菊羹》詩：「採擷授廚人，烹瀹調甘酸。毋令薑桂多，失彼真味完。」不知其法何似？

蘇子由制策差舛

嘉祐中，温公差赴崇政殿，後覆考應制舉人，於直言極諫科試卷内有圓、毡兩號，詞理高絶，獨傷於切直，而毡字號之卷，又所對一兩事與所出差舛。温公與范鎮同議，以圓字號爲第三等，毡字號爲第四等。詳定官已如議矣，初考官以爲不當，朝廷遂更差官重定，復從初考，遂以毡字號卷爲不入等。温公抗議：「毡字號文詞，臣不敢復言，但指陳朝廷得失，無所顧慮，於四人之中最爲切直。若以此見黜，是名爲求直言，其實惡直言也。」上曰：「言果切直，不宜棄也。」乃降一等收之，則蘇轍也。今轍集中所對策原無差舛，豈見收後潤色之耶？轍與軾兄弟齊名，而對策亦有差舛，當是少年問學或未到耳。今制考試編排字號皆用《千文》，宋時試卷字號必另製字樣，故圓毡二字非字書所經見者。

死而尸温

宋嘉祐中，廣陵有蔣生者，逸其名，死十四年矣而尸猶温。妻子不敢殯殮，留尸於牀。嘗有書自遠方以貽其妻子，筆跡宛然。劉攽有詩云：「三徑積荒草，玉棺不上天。初疑青竹葬，有值吴門仙。妻子同脱屣，衣冠如脱蟬。何年獨鶴歸，悲歌城市遷。」此亦載籍未經見者。

古章奏皆手書

宋時百官奏章，皆手自書進。賈學士直孺爲諫官，有所條奏，仁宗識其手書，每嘉賞之。古人凡在仕籍無不工書者，故一切章奏皆手書之，非惟得敬君之體，且機密事亦不至宣洩取敗。今人多不能書，故不得不倩於書史耳。但古人章疏未必全用楷書，而行草間見，今古帖中尚有載者。

黄　六

今京師勾闌中諢語言給人者，皆言「黄六」。余初不解其義，後閱一小説，乃指黄巢兄弟六人，巢爲第六而多詐，故詐騙人者爲黄六也。

宗藩之盛

我朝宗藩，自古未有若是其盛者。余纂修玉牒，萬曆二十二年止，屬籍者已十六萬人，今又十年，其生齒尚未知其數也。偶閲《侯鯖録》，載唐元稹《行李從易宗丞制詞》，云劉氏子孫在屬籍者十餘萬人。夫漢祖掃秦灰之燼，我高祖革元政之弊，其功同也，故胤嗣之盛亦相同乎？

燕脂

《古今注》曰：「燕脂之草，出自西方，葉似紫蘇，花如茜，土人染粉，以爲婦人面色，故名燕脂。」[一]後人效之，以紅花染絳爲之，非彼之草染之者。秦始皇宫中悉

[一] 按《太平御覽》卷七百十九引崔豹《古今注》，又與此多異。

用紅粧，疑始於秦。余按李石《續博物志》，三代以降，塗紫草爲燕脂，又非始於秦也。紅花一名紅藍，又名黄藍。張騫使西域得之，以其葉同藍，故曰藍。燕或作臙，作因，作胭，脂或作支。匈奴妻曰閼氏，讀作胭脂，謂其顔色之美也。有一説燕脂作烟支。唐睿宗女代國長公主，少嘗作烟支，棄子於階後，乃叢生成樹。公主歎曰：「人生能幾，我初笄，嘗爲烟支，棄其子，今成樹，陰映瑣闈，人豈不老乎？」是烟脂又有樹有子，非草染者，不知何種。古詩匈奴歌云：「奪我焉支山，令我婦女無顔色。」以山有草可染臙脂，又不獨出西域也。

粉

《古今實録》曰：蕭史與秦穆公鍊飛雪丹，其第一轉與弄玉塗之，即今鉛粉也。婦人傅粉自秦始。余按《墨子》禹作粉，張華《博物志》紂燒鉛作粉，謂之胡粉，或曰周文王時婦人已傅粉矣，未知然否。但婦人傅粉，斷非始於秦也。周静帝時禁天下婦人不得用粉黛，令宫人皆黄眉黑粧。黑粧即黛，今婦人以杉木炭研末抹額，即其制也。若黄眉，則唐詩有云「纖纖初月上鴉黄」，又云「鴉黄粉白車中出」，今不復知其制矣。一説黑粧亦以飾眉。漢給宫人螺子黛，故云黛眉。曹子建《七啟》「玄眉施兮鉛華落」，即墨眉也。庾信詩云：「眉心濃黛直點，額角輕黄細安」，是黄黑俱眉飾，未嘗廢黛也。額上塗黄亦漢宫妝。梁簡文詩「同安鬟裏撥，異作額間黄」，虞世南《袁寶兒》詩「學畫鴉黄半未成」，是黛色或以點額，或以施眉，黄色或塗額上，或安眉角，古人媚妝，隨意皆可。

妲　己

妲己，古書有作䵣己者。《説文》白而有黑曰䵣，《字統》黑而有艷曰䵣，二説皆不離一黑字，則妲己之貌斷非瑩白矣。古有玄妻，亦云其貌如漆，有光可鑑。晉惠帝賈后，短形青黑色。南漢主劉鋹得波斯女，黑腯而慧艷，鋹嬖之，賜號媚猪。此皆以黑見寵者。世廟有尚妃者，貌亦黑，宫人稱爲黑木娘娘，寵冠一時。則䵣己、玄妻，當不誣也。

火浣布

《逸周書》有《火浣布贊》：火澣之布，入火不滅，布則火色，垢則布色，出火而振之，皎然疑乎雪。是白色也。《山海經》云：布出火山國，火中有白鼠，毛可作布，敝則以火燒之如新。與《十洲記》同，此即《周書》所稱疑雪者也。《玄中記》又云：南中有炎山，其山有木，取以爲薪，燒之不燼，取其皮績之，爲火浣布。是火浣布有二種也。今海外諸國入市嶺南者往往有之，余嘗見，乃灰色者，未及詢其爲木皮爲鼠毛也。今回紇之野馬川，有木曰鎖鎖，燒之不燼，亦不作灰。婦人取根爲帽，入火不焚，豈亦炎山木之類耶？余於京邸見有數莖，合而爲一，疑鼠毫又不類，大較似木皮中可績者，其色瑩白，以火燃之，并沃以膏，火中透紅，以爲必燼，及取出，則雪白如故，雖毫末不損，始信《逸周書》所贊非妄也。

太玄潛虛

《易》之爲書，廣大精微，天地古今，萬物萬事，無一不備，無一不徹。揚雄之《太玄》，司馬光之《潛虛》，皆《易》之所已詳者也，夫《玄》與《虛》得無贅乎？噫！乳出酪，酪出酥，酥出醍醐，若雄、光輩之所作，是又從醍醐中覓酥，從酥中覓乳也。

楊用修妄改杜詩

楊用修謂顏延年《赭白馬賦》「駴出家之敗駕」，後人改「出」爲「突」乃佳。杜子美詩「大家東征逐子回」，後人改「逐」爲「將」乃佳。白居易詩「千呼萬喚始出來」，後人改「始」爲「才」乃佳。此癡笨人前説風流也。「突」字拙，「出」字巧，「才」字俚，「始」字文，惟作者自知之耳。獨以「逐」爲「將」，雖詩有「不遑將母」及古樂府「一母將九雛」，杜豈不知者？其用「逐」字，原有深意。婦人三從，其一從子，「逐」即從義也。意不在將而在從，語不以從而以逐，此正詩家三昧。以將字易之，不亦淺乎！用修又以杜詩「江平不肯流」，謂意求工而句反拙，不及李群玉「水深難急流」、《巴渝竹枝詞》「大河水長漫悠悠」爲勝於杜。余謂《竹枝詞》此何等語，可以擬杜？即「難急流」，不亦淺而俚乎？杜之妙處全在「不肯」二字，蓋本陶淵明「日月不肯遲，晨雞不肯鳴」來。故「不肯」二字，杜嘗四用之，「秋天不肯明」「干戈不肯休」「王室不肯微」，而惟「江平不肯流」最佳。余家有小樓臨長江，每於夏漲時憑闌，輒思杜之「不肯流」句，乃詩中畫也。

象

世言象膽隨四時在四足，亦未必然。劉跂《暇日記》載象營三象死，剖之，其二膽果在足，其一膽在腹中。歲己亥，今象房象死，余往詢之，膽亦在腹中也。聞象具十二肖肉，惟鼻是其本肉，膽隨月轉在諸肉，正月建寅，即膽在虎肉。其説又不同，未詳孰是。劉跂云「象肉觔理段段不相屬」，則誠有之。又云「味亦各異」，故世言象肉千味，亦未必然也。

天地止有三行

西僧利瑪竇言：天地間止有三行，水也，火也，土也，又以氣爲一行。人頗以爲誕。余謂此非利瑪竇之言也。邵子曰：「天依形，地附氣，至矣盡矣。」然此非邵子之言也。岐伯對黄帝曰「大氣舉之」。葛洪釋渾天曰「地居天内，天大而地小，表裏有水，天地各乘氣而浮」。虞聳曰：「天形穹窿，如雞子羃，周接四海之表，浮於元氣之上，如覆奩於水而奩不没，氣充其中也。」張子曰：「虚空即氣，減一尺地，即有一尺氣，人自不知。」又曰：「氣之散於太虚，猶冰之凝釋於水。蓋天包地外，所以浮之者氣也，所以浮氣者水也。氣與水合，生生不窮，所以能浮天地而升降之。」鮑景翔曰：「神爲氣主，神動氣隨，氣爲水母，氣聚水生。」故呵氣成潤，雲蒸霧涌，則水珠流出；山川出雲，則時雨以降。此其證也。故天地間有許多氣，自有許多水，生氣則生水，生水則助氣，未嘗相離。然非火以涸之，則陰氣盛，陽氣微，而爲沴矣。夫日者火也，蓋日圓竟千里，無物不破，升天萬物焦，入海則萬水涸。水不涸則盈而濫，易至汎濫，涸而不生，則氣與水俱竭。是水也，氣也，火也，三者相爲循環於無窮，此天地之所以爲天地也，利瑪竇之言非誕也。

衣冠以白爲忌

今世冠服皆以白爲忌，亦出於古禮，「父母在，衣冠不純素」，素即白也。余閲《隋志》，古未必然，宋、齊之間，天子私宴，着白高帽，士庶以黑。太子在永福省，帽亦以白紗。國子生亦服白紗巾。晋人多著白接䍦，接䍦亦巾也。南齊垣崇祖守壽春，白紗帽肩輿上城。郭林宗遇雨墊巾，李賢注以葛爲之，葛亦白也。樂府《白紵歌》「質如輕雲色如銀，製以爲袍餘作巾，袍以光軀巾拂塵」，即今之白紵。《列子》所謂阿錫，而西子之舞所稱「白紵紛紛鶴翎亂」者是也。《唐六典》天子服亦有白紗帽，其下服如裙襦韈皆以白，視朝聽訟，燕見賓客，皆以進御。皆古制也，白不爲忌如此。然其下注云「亦用烏紗」，則古制雖存，未必肯用，多以烏紗代之。若以白爲忌，其或起於唐乎？宋明帝末年多忌諱，以「白門」爲不祥，諱之。右丞江謐誤犯，上變色曰：「白汝家門！」則唐以前已忌之矣。

海　月

謝靈運詩「挂席拾海月」，有謂海月係水族一物，似水母而非，大如鏡，白色正圓，其杜如搔頭，甚佳。此癡人前説夢也。海月，海中之月，「拾」字乃古人用字之巧，若以爲拾水族之物，有何意味？

詩文必有所本

先輩謂杜詩、韓文無一字無來歷。余謂自古名家皆然，不獨杜、韓兩公。他且勿論，即作古選體，有一字不從漢魏中來，便不是古選；作律詩，有一字不從盛唐諸公中來，便不是律詩。故唐選體之所以不及漢魏者，是以唐人字眼作古選；宋律詩所以不及唐者，是以宋人字眼作唐律也。

餘甘子

虞允文與人書，有云「南詔餘甘子一桶」。王元美《宛委餘篇》載餘柑子見《臨海異物志》，謂與橄欖同一果。及閲《異物志》，謂大小如彈子，丸理如定陶瓜瓣，初入口苦，咽中甘，與橄欖同味，乃知正余里中所呼油柑子也。元美未見，遂云今天下饒橄欖，絶無餘甘，物之難博如此。第「柑」當作「甘」，不宜从木。允文當不誤，或傳寫誤耳。

七七

里俗人死，每遇七日輒設奠，七七四十九日乃已。今國朝大臣諭祭，亦有七七，雖非通行古禮，但禮亦有之。人生四十九日而後七魄全，死四十九日而後七魄散也。七七之説蓋本此。

疑耀卷四

圖書生剋

有盛必有衰，有進必有退，有存必有亡，余於《河圖》《洛書》得之。《河圖》左旋，生數也，《洛書》右旋，剋數也，一生一剋，天地且不能違，而况於人乎？故《河圖》《洛書》相繼而出，天地之情見矣。

雲列祀典

雨以潤物，有雲乃有雨。據祀典，皆有功於民物者也。古人止祀風雷雨而不及雲，豈以雨雲相因，祀雨即祀雲耶？至我朝始兼風雲雷雨而并祀之，又至世宗乃易風雲雷雨之序，而曰雲風雨雷，以雲爲首祀，是雲之爲神，不知歷幾萬刼，幸遇我世宗始大遇也，亦奇矣哉。

附徐司馬鑾議

《易·屯·象》稱「雲雷，屯」，以《坎》不言水而言雲，明雲之氣即雨也。嘗登高山，雲氣濛濛然，與雨無別。然此乃爲雨之雲，如卿雲、五雲之雲，又自不同。古人以雲紀官，太史分至啟閉，必書雲物爲備，則昭代列於四祀之首，於義誠是。

拜帖不古

余閱一小説，古人書啟往來及姓名相通，皆以木竹爲之，所謂刺也。至宋時王荆公居半山寺，每以金漆木版寫經書名目，往寺僧處借經，時人遂以金漆版代書帖。已而恐有宣洩，又作兩版相合，以片紙封其際，久之其製漸精，或又以縑囊盛而封之。

在宋時南人謂之簡板，北人謂之牌，其後通謂之簡版。至淳熙之世，朝士乃以小紙，高四五寸，濶尺餘，相往來，謂之手簡。市中遂製手簡紙賣之，而竹木之刺廢矣。今之拜帖用紙，蓋起於熙寧也。余謂簡札用紙，其來已久矣。馮盛嘗誚盧杞提三百綾文刺爲名利奴，郄愔遺牋詣桓温，子超取視，寸寸毁裂。若竹木之刺，何稱綾文，又寧堪寸裂耶？意東漢造紙後，簡札之制已爲之一變矣。王沂公取殘柬裂去前幅，以遺孫京，是時書帖已有長餘，但不如今之侈耳。其以金漆版代書帖，特取一時之便，倣古制而爲之，決非古制至此時猶存也。若從前未有書帖，何言代乎？吴質《答子建書》「發函伸紙」，文帝《與劉楨書》「獲累紙之命」，此漢魏間語，尤可證。但其製止濶尺餘而已，今用七八摺爲全柬者，是後人積奢之所致也。余嘗見楊公士奇一帖，其紙即今長安中之連七紙，最粗惡者，亦僅三摺，面上一紅籤僅如筯，姓名之字僅大如指頂，其所語事即書於左，不用今之副啟，而其字草書，蓋真跡也。今用副啟，聞亦起於世廟末年，書名字大，則近見。今日凡京朝官，其字至多，與政府相等，此亦士風之不古也。

東坡前定

天之生賢不與庸衆同者，才與位而已。二者兼全，十不得三，故與角去齒，亦乘除之數也。蘇東坡《志林》：韓退之磨蝎爲身宫，而己以磨蝎守命，故平生謗譽略同。及南海謫還，有問其艱苦者，坡曰：「少時入京師，有相者云：一雙學士眼，半箇配軍頭。」然則公之流離顛沛，不獲安於大位者，固才大不容，而於星、相二説亦前定之矣。噫！與角去齒，豈惟坡公！

佛經不真

余嘗疑佛經五千八百卷皆華語，不知凡經幾譯乃成，亦不知與佛所説同否，孰從而辨？唐顯慶中，玄奘譯經，帝勑于志寧等監譯，有勑曰：「特爲看閱，有不穩當處，即隨事潤色之。」是今之經典中多有中國人潤色處，未必一一皆佛説也。經語未必皆出於佛，而欲以經語作佛，此與按圖索駿何異？

通家之稱

今人朋友相知往來，皆稱通家。宋以前已然，但汪彦章誡其子恪曰：「自吾父及汝三世矣，未嘗與人通家往來。夫家者妻也，妻者自娶之爲後嗣計耳，豈可以娱他人，稱通家耶？」余思「通家」二字，施於往來外姓，委不雅觀，然相沿已久，難於頓革也。

莫愁

《莫愁樂》，《古樂府》及《唐書·樂志》、《樂府解題》皆謂出於《石城樂》，以石城有女子名莫愁也。石城皆謂金陵之石頭城，故金陵亦有莫愁湖。宋曾三異以石頭城在楚之郢中，而漢江之西岸至今有莫愁村。及閱《統志》，金陵故無莫愁湖，是三異之説亦有據也。三異又云：曾見莫愁之像，有石本，衣冠甚古，乃古之神仙者流，非女子也。郢中倡女常有自名爲莫愁者，甚爲僭瀆，是以莫愁爲女子，其誤已久矣。石城，晉杜預第，在今承天府即古竟陵也。樂府《石城樂》，臧質爲竟陵郡時所作，是爲荆楚西聲，《莫愁樂》亦西曲也。今漢江西有莫愁村，《志》云：盧家女，善歌謡，嘗召入楚宫。古辭云「莫愁在何處，莫愁在城西」，又云「聞懽下揚州，相送楚山頭」，唐人詩「莫愁魂散石城荒」，又「村近莫愁連竹塢，人歌楚些下蘋洲」，則莫愁爲楚女明甚。今金陵莫愁湖在三山門外，相傳有妓盧莫愁家此，或後代倡女慕莫愁名，好事者因其人以名湖，而竟陵之與金陵，石城之與石頭城，又易訛也。即金陵有莫愁，當是兩莫愁矣。又《樂府解題》云古歌有「莫愁洛陽女」，則是有三莫愁矣。

李至有功名教

前代俳優之輩，多有以吾孔子爲戲，至宋至道二年重陽，皇太子、諸王宴瓊林苑，教坊有以吾孔子爲戲者。賓客李至言：「唐太和中，樂府以此爲戲，太宗笞伶人以懲無禮。魯哀公以儒爲戲尚不可，况敢戲及先聖乎？」太子歎其言而止之，此戲遂絶。若李至者，誠有功於名教也。

假葬

今俗過信堪輿，多停棺於土，上以磚石甃之，至數十年遠猶不瘞埋者，徽郡爲甚。余閲《通典》，亦有《假葬三年即吉除服議》。晉郄詵母亡，便於堂北壁外下棺，謂之假葬，三年即吉。衛瓘以其不應除服而議之。是假葬雖聞於古，然而非禮也。今有數十年不下棺，而子孫除服從吉仕宦者，可令衛瓘見乎？

建文還京

建文帝之老而還京也，《廣西通志》：正統五年，帝在思恩州，自言於知州岑英，轉聞巡按御史奏，驛送赴京。嘗留題四詩於横州南門壽佛寺。《貴州通志》則以所題四詩乃在金筑長官司羅永庵，與鄭曉《吾學編》同。余意當以《貴州志》爲正，且帝之還京在天順年間，而正統五年有僧自稱爲建文帝者，乃奸僧楊行祥也。《廣西志》書正統五年帝還京，其失於考訂如此。

壇醮之始

僧、道二流，「道士」之名先見《太霄經》，云周穆王因尹軌真人制樓觀，遂召幽隱之人置爲道士。平王東遷洛邑，置道士七人。漢明帝永平五年，置二十二人。是時佛方入中國也。趙與時謂：用道士設醮，祈福延壽，則漢建安二十四年，吴將吕蒙病，孫權命道士於星辰下爲請命。是設醮之法始於此，亦周公金縢、子路請禱遺意。余謂唐陳羽詩云「漢武清齋讀鼎書，内官扶上畫雲車。壇上月明宫殿閉，仰看星斗禮空虚。」是設醮祈請，漢武已有矣，非始於吴孫權也。

地下有世界

西僧利瑪竇嘗謂余言：天上有一世界，地之下亦有一世界，皆如此世界。聞者多以爲幻妄。余閲《酉陽雜俎》，有人掘井，深已倍於常井數丈，不見水。忽聞向下有車馬人物喧闐之聲，近如隔壁。出以告州將，將遣人驗之不誣，欲奏其事，恐涉於怪而止，遽令塞之。是瑪竇之言亦似有據也。

周禮大司樂辨

《周禮·大司樂》所載大祭樂，止有四音而無商音。鄭氏注曰：「祭尚柔，商屬金，剛也，故不用商。」此傅會於内事外事、剛日柔日之説也。賈公彦亦從之。先儒乃爲之説曰：周以木德王，商之金能尅木，故諱而不用。余謂楚固失之，齊亦未得也。夫五德之運，起於後世讖緯家，周公制樂時未聞其語。且司馬《史》：周武王伐殷時，有火自上復於下，至於王屋，流爲烏，其色赤。故先儒皆謂周以火德王，是木王諱金不足據矣。宋儒又有言鬼神畏銅，商屬銅，故佩玉之聲中商律者不用，尤爲臆説。余不知樂，第以《樂志》諸書細按其圖，有正聲，有子聲，有變聲。太蔟在少商調中者，即黄鐘欲之商也，特用太蔟之子聲。子聲者，正聲之半也，故曰少商。夫五音之全易辨也，其半而爲少、爲子又爲變，難辨也。周樂奏於圜丘者，圜鐘爲宫，黄鐘爲角，太蔟爲徵，姑洗爲羽；奏於方澤者，函鐘爲宫，太蔟爲角，姑洗爲徵，南吕爲羽；

奏於宗廟者，黄鐘爲宫，大吕爲角，太蔟爲徵，應鐘爲羽。或皆自其正聲言之，未及詳述其子聲耳。故熊朋來謂「大司樂未嘗無商，而闕商聲者，特不用於起調與畢曲也」，似亦得之。然謂「更代易世，俗樂不知改作，如唐以土王，不知去角，而但因《周禮》亦闕商，宋因唐制，亦闕商」，此又偏信五德之説者也。（宋）《樂書》注引琵琶（如）［女］夢人授譜〔二〕，始有《湘妃怨》《哭顔回》二曲，皆徵調。近代俗樂原無徵調，亦猶大司樂之無商也。夫五音十二律循環相生，原無間斷，此乃天地自然之妙。凡一律中，既有正有子有變，而十二律之爲正爲子爲變者亦皆含焉，一毫無所增減，乃可成律。倘周公作樂，果不用商，必且參差不齊，豈能與黄帝之《雲門》《咸池》，堯之《大章》，舜之《大韶》，禹之《大夏》，湯之《大濩》叶奏一堂，以供六祀哉？夫六代之樂，五音皆全，而謂叶六代之樂者五音有不全乎？故余謂周樂雖止四音，而五音必無不全之理，即其上文亦曰「凡六樂者文以五音」矣，又何疑焉？古人文字簡要，特舉其概，鄭氏未及細詳，遂謂無商，而疑於剛柔之説，後人又疑於鬼神五德之

〔二〕據宋熊朋來《經説》卷四「三宫無商調」條改。

説，此皆强作解事者也。夫樂以象德也，余聞之，賓牟賈問武樂於孔子：「遲之遲而又久，何也？」孔子曰：「病不得其衆也。」又曰：「恐不逮事也。」又曰：「久立於綴，以待諸侯之至也。」又曰：「周道四達，禮樂交通，則夫武之遲久，不亦宜乎？」夫商屬金、屬義屬言，其聲明而敏，與武王病不得衆、恐不逮事而舒緩以待諸侯之意稍乖。故周公制樂，尚遲久而嫌敏急，不以商之正聲爲宫耳，謂之無商聲不可也。又嘗退而求樂歌，先儒謂欲知樂者，先須識等子。今按周之樂歌載在「三百篇」者，試以四聲等子韻之，則又專用宫商徵羽。夫歌與奏相合，乃爲樂，歌有商聲而奏可無商聲乎？故余謂周樂之未嘗無商也，於此益明。獨角之一聲，則樂歌始終不用，此又何説焉？自古制樂者，其五音十二律皆起調於宫音，蓋宫者，五音十二律之君也。周樂祭天則以黄鐘之羽起調，祭地則以太蔟之羽起調。至祭宗廟，則雖黄鐘爲宫，而其起調亦黄鐘之羽，非黄鐘之宫也。夫黄鐘爲君律，宫爲君聲，起調即無君，而入調雖有君，又爲他音所役，是尊臣而抑君也。説者又爲之説曰：羽，水也。周以木德王，水能生木，故皆起調於羽，君弱臣强，已兆於此。周公聖人，豈其智有不及，或者天定之數，聖人亦且安之？未可知耳。余又不敢以爲然也。孔子之對賓牟賈，亦曰「有司失其傳久矣」。周衰，諸侯僭竊，又皆去其籍。禮樂之制，蓋殘闕不完，復經秦火，樂比禮更爲殘闕。漢孝文時，得魏文侯樂人竇公者，年百八十歲，兩目皆瞽，獻其書，乃《周官·宗伯》之《大司樂》也。夫以數百年之簡帙，出於一瞽人之手，能保其無殘闕乎？《大司樂》之旋宮不相管攝，今太蔟爲徵，又復重出，其爲錯簡明甚。漢初諸儒尚能習禮，而習樂者則寥寥無聞。《周禮》一書多出漢儒手，稍得其影響輒附會之，《大司樂》所載必非周公當時之制，抑當時五音十二律，其上下損益相生及四聲之韻，與今或當微異，後世以今人音律求古音律，豈能一一皆合乎？且上下損益相生，其爲隔八無疑，而先儒又有謂周樂皆隔五易律者，是今人求今人尚覺矛盾，況以漢儒求周制乎？故樂歌闕角，必別有義，亦斷非五行之説。若起調以羽不以宫，安知今之所謂羽即周公所謂羽乎？羅長源有言：後世黄鐘，安知非古大呂？後世應鐘，安知非古無射？故姜夔議樂，請各用本均宫角徵羽，正謂此也。然其稱爲角爲徵爲羽，可見古人已備六十調矣。故謂周樂皆以羽起調者，余又不能無疑也。或曰：天地元聲，豈以世代變易？子謂五音十二律古今微異者，此亦臆説。余曰：説則臆矣，不觀之《詩》乎？《詩》三百篇，先儒謂皆可被管絃者，朱晦庵乃言「三百篇」中可被管絃止數章，此既異矣。先儒有以等子韻譜取「三百篇」字字韻之，竟無一章合律者，孰謂古今人音韻一一同哉？夫人之聲固萬有不齊，總之止有五音而已，律且有八十四矣，人之聲能有八十四音乎？故古之聖人所稱聲爲律者，止禹一人，是自禹而外，即聖人之聲亦未皆一一合律也。蓋五音十二律，既有正、有子、有變，而三聲之中有老、有少、有次，又有老之老，有少之少，有次之次，故曰五音之變不可勝窮也。夫等子於五音，亦足以盡變者，尚難以叶「三百篇」具在之詩，當漢儒時，即平上去入四聲尚未立，而遽信其所附會影響者，謂聖人之樂果闕商闕角，且以兆弱君也，何其過信漢儒，輕疑聖人哉？余讀書不多，讀樂書尤不能多，故臆説如此，以俟知樂者，是正焉。

附徐司馬鑾議

古樂殘缺，莫甚於今。博士家絶不置談，况有能尋其聲數，正其譌誤，益寥然矣。《周禮·大司樂》分樂而序之，黄鐘一均，以祀天神，太蔟以下五均，以祭地祇，祀四望，祭山川，饗祖妣。蓋調五聲，兼八音而有之。其云祭祀樂無商聲者，則五氣不備，高下奪倫，安在爲樂？鄭氏之謬，蓋泥於「圜鐘爲宮」以下三段，有宮角徵羽四聲而無商音，與上文不同，因概疑祭祀歌奏皆不用商。而後儒附會其說，引五德相勝，益增其妄。蓋此爲圜丘、方澤及禘祫三大祀降神之樂，凡祀皆有樂，降神後合樂而奏之，三大祀爲重，故迎神至六變、八變、九變，若他祀樂，則無此數，注中所謂各以聲類求之是也。其云本宮相生爲角徵羽有用有避者，非也。蓋降神之樂既與六樂不同，作者明取別義，如圜鐘得房心之氣，是爲大辰，帝之明堂，故首奏之以降天神；函鐘輿鬼之分，是爲天社，坤之門户，故首奏以出地示；黄鐘虚危之宫，是爲宗廟，故首奏以迓人鬼。各以其類，以合神明之德。即鼖鼗、孤竹、雲和之類，亦與八音稍殊，明爲降神而作矣。若夫四聲無商，如鄭注以「祭尚柔，商音堅剛不用」，推之旋宮之法，并無一合。朱晦翁亦嘗非之。據晦翁說，以爲此自四樂，各舉其一，如黄鐘一宮次，太蔟爲徵即林鐘爲宮，應鐘爲羽即大蔟爲宮，太吕爲角即南吕爲宮之類。然圜鐘一宮再奏，黄鐘爲角，係夷則宮，又奏，太蔟爲徵，姑洗爲羽，俱在林鐘宮，無取相生之次第，又非音節之和諧，其理終不可解，即朱說亦未爲得也。愚謂聲氣之和，生於人心，符於理數。樂律長者聲濁而高，短者聲清而下。宮聲最濁，損之爲徵，次清，益之爲商，次濁，又損之爲羽，最清，又益之爲角，居清濁之中。相生者一高一下，相比者自高及下，取唱隨子母之義。三大祀者，天陽而健，純粹以精，數奇而圓，其知大始。圜鐘陰律，以帝之明堂奏之，以道和氣。次黄鐘、太蔟、姑洗，居子、寅、辰，始於一陽，極於三陽，陽明用事，相間各一律，律遞減一寸，吹之而和調，俱含宫象，天德也。地道柔剛，含弘光大，數偶而方，萬物資生，林鐘得坤之本位，隔八而上生太蔟，太蔟隔八而下生南吕，南吕隔八而上生姑洗，四維之氣已備。以姑洗律長於南吕，故後生而先用，法地道也。人者參天兩地，兼陰兼陽，相得有合，順位成章。黄鐘起於虚危，其位屬子，子與丑合，間以大吕、太蔟寅氣，寅與丑合，和以應鐘，黄鐘律之始，應鐘律之終，四德無所不統，立人道也。合三樂凡十二律，以足十二辰之數，以分祀天神、地祇、人鬼，其義甚著。圜鐘六變，一天之始，五天之中也。函鐘八變，二地之始，六地之中也。黄鐘九變，人參三才，三三而九也。奏既四律，故音取四聲爲義，其實奏曲時，五音及變聲、子聲，高下相從，當無不備，不然則不成調矣。然則剛柔五德之説，不足深信甚明。唐太常祖孝孫制有十二和，其饗圜丘以黄鐘，祀方澤以林鐘，祭宗廟以太蔟。既與三樂稍别，協律郎張文收乃復採三《禮》，仍用圜鐘祀天，函鐘祭地，黄鐘祫禘。樂曲凡四，又似合樂不但爲降神之奏，蓋古樂之亡久矣。乃若宫聲起調於羽，其説難明。五聲中羽爲物，以羽役宫，爲以臣役君，非其本義。沈存中云：君、臣、民不可相凌，事物則不必避。余意猶非之，蓋旋宫也者，即潛宫也，古人以其遞相生爲旋，其實太和元氣潛行於十二辰之内，黄鐘潛行於十二律之中，無時間斷。唯是管長聲濁，高下難諧，故有半聲、變聲以合其節，豈以尊君抑臣故諱避之哉？試推《旋宫圖》，起黄鐘宫，至夾鐘爲羽，凡五十五律而調畢，奏一闋復起宫音。以七聲按之，大不踰宫，細不過羽，羽上生宫，音調不諧，故黄鐘以應鍾爲變宫收之，上生無射之宫。然則起調以羽，入調以宫，或以貞元相生之序言之，而訛以爲周樂皆起於羽，爲臣弱君之兆乎？若夫樂歌之闕角也，「三百篇」之不盡協律也，竊謂作者當以意求之。《書》云「聲依永，律和聲」，歌咏樂章，或朝廷所製，或太史所陳，豈能一一盡中宫商？在登歌者自當隨律高下，依律以和聲，不當移律以就聲，如今之譜曲子，句字不同而調同，况雅樂乎？四聲七音等子，來自西域，濫觴於李登、沈約輩，大備於宋儒，中間有其理可信者，有甚非其理而必不可信者。可信者四聲爲經，即一宫、一徵、一商、一羽，聲止於四，故不及角也；七音爲緯，則宮、商、角、徵、羽、半商、半徵備焉。古詩歌多四言，疑無角聲以此。蓋四聲之虛角，亦猶三樂之藏商也。以宮、商、角、徵、羽爲次，宮可含商，以宮、徵、商、羽、角相生爲次，則角聲半清半濁，行乎其中，合之則無不備矣。等子必不可信者，必字字如聲，乃爲合律，或有聲無字，至强造字以傅會之。或上、去二聲相犯者，則一音別爲二義，以活字爲上聲，實字爲去聲。支離穿鑿，沈休文自不能解，後人遵之若金科玉條，可發一噱，况欲以此定樂，則「三百篇」不當盡付之祝融乎？等子韻甚欲別著一論闢之，樂律之辯，不敢附於知者，姑述其胸臆，以請是正於大方如此。

帝王簪珠翠

今制，冕旒皆綴以珠寶，獨不用翠。福府畢姻，余見王簪翠花兩枝。此婦人之飾也，頗以爲疑。及詢諸内侍，皆云朝廷嘗簪之。此亦有所做。魏明帝好婦人之飾，冕旒改珊瑚珠，晉元帝嘗以翡翠飾冕，帝王服飾乃爾。

檮杌

檮杌惡獸，楚以名史，主於懲惡。又云檮杌能逆知未來，故人有掩捕者，必先知之，史以示往知來者也，故取名焉，亦一説也。

雞口牛後之誤

蘇秦説韓：「寧爲雞口，無爲牛後。」今本《國策》、《史記》皆同，惟《爾雅翼·釋豨篇》「寧爲雞尸，無爲牛從」。尸，主也，一群之主，所以將衆者。從，從物者也，隨群而往，制不在我矣。此必有據，且於縱横事相合。今本「口」字當是「尸」字之誤，「後」字當是「從」字之誤也。

晏安酖毒之誤

《左傳》管仲語齊桓公以救邢，曰：「晏安酖毒，不可懷也。」余見一書，「晏安」

作「燕安」。燕處堂幕，知安而不知危者，燕安二字甚當。今作「晏安」，乃「燕」之謌也。因知酖毒之「酖」，亦當作「鴆」，鴆乃毒鳥，上曰燕安，下曰鴆毒，句中的對。後人作「酖」，亦「鴆」之謌耳。

鷽鵲雕字

《爾雅·釋器》「象謂之鵠，角謂之鷽」，一本作「鷽」；「犀謂之剒」，一本作「䧴」；「玉謂之雕」，一本作「鵰」。四者皆取鳥名，豈古字皆相通耶，抑別有據也？

窖養花木

今京師入冬以地窖養花，其法自漢已有之。漢世大官園冬種葱韮菜茹，覆以屋廡，晝夜燃熅火，得温氣，諸菜皆生。召信臣爲少府，謂此皆不時之物，有傷於人，不宜以奉供養，奏罷之。但此法以養菜蔬，未言養花木也。今内家十月即進牡丹，亦是此法。計其所費工耗，每一枝至數十金。但在漢止言覆以屋廡而已，今法皆掘坑塹以窖之。蓋入冬土中氣煖，其所養花木借土氣、火氣俱半也。

藞苓字相通

藞即苓字，與「蓮」字通。《龜策傳》「龜千歲游蓮葉之上」，徐廣曰：「蓮，一作苓，聲相近，借字也。」苓，小草，龜老而神，其形轉小，故能游於小草之上。若水中之蓮，凡龜皆可游，不足奇矣。又《詩·採苓》以「首陽之巔」叶之，是蓮亦有苓音也。

治亂甘苦黑白

以亂爲治，以苦爲甘，故甘草名大苦。《禮記疏》牽牛三點黑，名爲三點白。

介雞

《左傳》「季、郈之雞鬭，季氏介其（羽）［雞］」。《爾雅翼》作「芥其羽」，謂以芥菜之芥播其羽也，必有所據，但未詳其義。

鬱鬯之辨

古者釀酒以黑黍爲上，其色必黑。祭祀用鬱草和之者，以鬱草黄色，故酒色黄而且香，《詩》所謂「黄流在中」，以其酒色黄而且流動也。今又乃以黄色爲酒品之惡者，與古異矣。又絶無以鬱草和酒，豈其法不傳耶？若酒之不和以鬱者，又名爲鬯，是黑黍之酒即鬯也。若加以鬱，乃名鬱耳。《説文》解「鬯」字，乃云「以秬釀鬱草」，是鬯亦可以兼鬱，自鬱與鬯對言之，則當致其辨耳。

虉字辨

《詩》「卭有旨虉」。旨虉，小草，五色似綬，故名綬草。《詩》言欲有文采具備，以成調理之臣如虉者，不戕賊之而後得也。但鳥名亦有虉，亦名綬。故古本《爾雅·釋鳥》有「虉綬」，與《釋草》「虉綬」同文。羅願遂以《詩》之旨虉爲鳥，與上「防有鵲巢」爲偶，謂鵲善相地而後累巢，若有驚懼則不累也，虉善相天而後吐綬，若有戕賊之疑則不吐也。此説亦有據，但謂之旨虉，則似是屬草。蓋「旨」與「旨畜」之旨相同，此草亦可食，故云旨。若是鳥，未聞可食，不應言旨矣。第未得詩之善本以正之。若旨虉之虉從草，其爲草無疑；不從草，其爲鳥無疑。今世所行《詩》及字書皆混亂，故無由辨之，而諸説紛紛也。

無廉恥做得尚書

長安中有一士人，醉酒跨驢，遇一八座於中衢，不下驢引避。隸人叱之，此士人亦大相比。八座呼而問之，士人生員也，八座曰：「既是生員，當有廉恥，如何醉酒撒潑如此？」士人笑曰：「公乃無廉恥耳。」八座曰：「我如何無廉恥？」士人曰：「若有廉恥，如何做得到尚書？」一時喧傳絶倒。因憶杜有道妻嚴氏，嘗以書與從子預，有曰：「諺云『忍辱至三公』，卿今可謂辱矣，能忍之，公是卿坐。」此亦無廉恥乃做得尚書之意也。

孔子採詩不及楚

《楚詞》屈原諸作，有用韻者，有一二句即改韻者，有全篇不用韻者。當原之時，四聲之學尚未出，或皆用當時土語，自可相叶。後人以今所行韻語讀之，自不可叶耳。但「三百篇」在原之先，而以今韻叶之，又無不通，楚之土語豈真南蠻鴃舌之音耶？先儒以孔子採列國之詩爲《國風》，獨不及楚爲疑。余意楚在當時亦有詩可採，或亦如《離騷》之用土韻，不可施於管絃，故孔子不之採耳。有謂孔子修《春秋》以夷狄待楚，故不採其詩，是亦一説。然秦亦猶楚也，而《秦風》十篇尚序於《豳風》之上，豈以平王東遷之時，秦仲之孫能以兵送，亦能尊王者，不如楚之僭王耶？

三十六奉朝請

陶弘景與從兄書：「仕宦四十左右作尚書郎，即抽簪高邁。今三十六方作奉朝請，頭顱可知，不如早去。」余今將五十矣，始作尚書郎，仰望古人，殊爲低首。

詞人用事

詞人用古事多有錯誤者。王介甫《桃源行》「望夷宫中鹿爲馬，秦人半死長城下」，二世致齋望夷宫在鹿馬之後，長城之役乃始皇，非二世也。

惡獸爲名

鑿齒乃惡獸名，與檮杌同類。余怪晉習主簿以之爲名，未審其意。北魏元叉名夜叉，弟羅名羅剎，夜叉、羅剎皆食人之鬼，亦以爲名，何也？

佛不度女人

劉晝與高歡書：「尼與優婆夷實是僧之妻妾，損胎殺子，其狀難言。今僧尼二百許萬，并俗女向有四百餘萬，六月一損胎，如是則年族二百萬户，驗此佛是疫胎之鬼也。」大藏律文：佛告諸弟子：「汝慎勿妄度沙彌尼，女人恣態難保，悦在須臾。」以後佛生惡意，不真菩薩，不可妄度。是尼之醜行亦佛之所惡也。

上林羽獵二賦

司馬相如《上林》、揚雄《羽獵》二賦，膾炙千古。北齊楊斐謂：「雖係以隤墻填壍，亂以收罝落網，而言無補於風規，衹足昭其愆戾」，亦是名言。

風流罪過

北齊郎基常語人曰：「任官之所，木枕亦不須作，況重於此事？」唯頗令寫書。潘子美以書與之曰：「在官寫書，亦是風流罪過。」余居京師，別無所作，止是乞倖寫書，罪過多矣。基答潘曰：「觀過知仁，斯亦可矣。」未審京師中有能觀仁者否？

佛經恐非西來大意

余嘗疑今中國所行佛經，皆經數譯而後通，中間不無乖其本旨者。偶閱鳩摩羅什與慧叡書：「天竺國賓，文製倡頌，宮商體裁，以入管絃爲義。今改梵爲秦，失其藻蔚，雖得大意，殊隔文體，有似嚼飯與人，非徒失味，乃令嘔噦也。」今之經卷果皆西來大意乎？余不敢信矣。

仙書皆僞筆

西王母訊上元夫人書云：「比不相見，四千餘年。」（西王母）「上元夫人」〔一〕答云：「遂替顔色，迨五千年。」不知所云年數如人間甲子耶？不知西王母者開闢之初即有之，抑生於中古也？其書乃作今人筆，其僞無疑。且上元夫人書云：「先被太帝君勅使，詣玄洲校定天元，正爾暫去，如是當還，還便來席，願暫少留。」麻姑報王方平書亦云：「先受命按行蓬萊，今便暫往，如是當往，還便親覲，願來即去。」其體裁相同，是上元夫人、麻姑書皆僞襲也。

仙宦非共途

許長史穆，精心仙學，似非凡胎者。保命君嘗示以書，而引漁陽田豫「鐘鳴漏盡」

〔一〕據《漢武帝内傳》改。

之語以責之，定録君亦責其不即褰裳。乃知仙宦原非共途，今逐逐緇塵，耽耽青紫，猥談玄學，真癡前説夢也。

陶淵明乞食

陶淵明恥以五斗折腰，遂至貧而乞食，有詩曰「出門拙言詞」。王摩詰與魏居士書，謂陶「是屢乞而多慙也，嘗一見督郵，安食公田數頃，一慙之不忍，而終身慙乎？」孔子曰：「我則異於是，無可無不可。」鄙哉摩詰，宜其困辱於安禄山也！終身之慙，豈在乞食哉？

道學可護短

王槐野與王立道書云：「傳言公今講學，棄去文詞不理，此近代道學自護其短之巧術，乃公奈何效之？」此誠不易之論，講學者可以媿矣。

姜維母書

楊用修纂《尺牘清裁》凡十一卷。王元美謂其挂漏，增至二十八卷。梓成，復搜得四十條，附之於後，因識之曰：「令劉孝標、陸澄爲之，當免此。」元美自謂可無遺漏矣。余檢《晉書·五行志》，復得姜維報魏人書一章，云「良田百頃，不計一畝，但見遠志，無有當歸」。時魏人獲維母，令維母手書呼維，以當歸譬之，故維云云。此元美所未及收也。

天問可疑

《孟子》言堯殛鯀於羽山，殛者殺也，屈原《天問》「永遏在羽山，夫何三年不施」，是堯未嘗殺鯀，特流放之而不赦耳。又齊桓公以群公子争位，身死不歛，未嘗見弑，今《天問》云「齊桓公九會，卒然見殺」。是鯀本見殺而謂之不殺，桓本未弑而謂之見弑，豈别有所據乎？余按屈原《天問》，今所行者王逸《章句》耳。逸謂《天問》文義不次，多奇怪之事。司馬遷論道既所不逮，劉向、揚雄亦不能悉，逸則稽之舊章，合之經傳，爲之符驗，事事可曉，余未敢盡以爲然也。此文既云原觀壁間圖畫而作，是事爲一説，當時未必相綴屬者。原沉江後，後人乃採而綴之，故文義不次耳。讀者亦宜逐段讀，不宜總作一篇也。但其事奇譎，或亦疑誤相半，未必皆原舊作。

元微之詩

元微之《放言》五章，余讀之殊未見佳處，白樂天乃謂其韻高而體律，意古而詞新，雖前輩深於詩，未有此作。豈古人評詩，止以意不以詞耶？

元白皆無兒

元、白齊名，且相友善。白公無兒，世皆知之，微之亦無兒，世未知也。微之《整比舊草以詩寄樂天》云：「天遣兩家無嗣子，欲將文集與他誰。」

九　歌

《楚詞》，實十一篇，乃知九者非篇數也。或云九者陽數之極，故陽九乃否極之會，屈原取以名篇，自喻其不得志之極也。此亦有理。

禹娶四日即治水

禹娶塗山氏，以辛酉日娶，甲子日即出而治水，八年於外，是新婚四日即有啟也。

荆公不事修飾

王荆公未遇時蓬頭垢面，世多疑其爲詐。居政府時侍朝，有蝨自荆公襦領而上，直緣其鬚，上顧之甚笑，公不知也。朝退，同行王禹玉指以告公，公命去之。禹玉曰：「未可輕去，請一言頌之，曰：屢遊相鬚，曾經御覽。」荆公爲解。乃知荆公亦不事修飾者，疑其詐則過也。

古今兩羿

古今善射必稱羿，但有兩羿，一在夏，弑夏后相者，一在堯時，射河伯、妻洛妃者，詳《楚詞·天問》注。

西北水田

今人欲於西北種水田，此非創爲説也。唐王建《水運歌》有云：「遠徵海稻供邊食，豈如多種邊頭地。」即此意也。

詩文顯白古奧

典、謨之文，「三百篇」之詩，爲萬世詩文之祖者，以其古而能奥也，然於述事説理又未嘗不顯白。若歐、蘇之文，元、白之詩，一以顯白爲主，殊無一毫古奥意，何以爲詩文？

古無騎字

古人畜馬，唯以駕車，未有單騎者，故古經典并無「騎」字。至六國時乃單騎馬，惟《曲禮》「前有車騎」，蓋《禮記》乃後漢書也。

露筋廟辨

今高郵州露筋廟，世傳有兩女子過此遇夜，一女入宿於人家，一女貞潔，不肯入宿，宿於門外，遂爲蚊蚋所嘬，抵曉露筋而死。余嘗疑之，蚊蚋雖猛，豈能嘬人至死？此女即貞潔，亦豈能忍受此蚊蚋不自搏拂耶？偶閱《酉陽雜俎》，乃云江淮間露筋驛，乃一醉人宿其處，爲蚊所嘬。江德藻《北道記》：邵伯閘露筋梁，故老云有鹿過此，一宿爲蚊所食，至曉見筋。則今所云貞女露筋者，乃後人傅會以惑人也。第淮揚之間，俗涉溱洧，後人傅會露筋，以爲貞女，夫亦有所風耶？

儒釋不必相援

使釋迦生中國，設教當如周、孔，是周、孔書中自有釋教，儒者何必談佛？使周、孔生西方，設教亦當如釋迦，是釋教書中亦自有儒教，釋者何必援儒？

宋玉招魂

宋玉《招魂》，爲屈原而作。是時屈原尚未沉江，宋玉見其放斥愁懣，恐其魂魄先已散去，其身不能久存，故招其魂使反於身，非如今人已死而招其魂也。

二王書法

二王書法，妙絶今古，大小想皆入神。梁高祖答陶弘景論書，謂逸少書無甚極細者，即《樂毅論》乃微粗健，恐非真蹟。晉、梁相去不遠，而二王極小之書已不可復見矣。余謂二王書即大如拳者，亦不復見。何也？韋文休曰：「二王書自可稱能，未是書也。」此必有説。陶弘景又謂：「王逸少自吴興以前書，猶未稱，凡厥好迹，皆是向會稽時永和十許年中者。從失郡告靈不仕以後，略不復自書，皆使此一人。世中不能別見緩異，呼爲末年書。逸少亡後，子敬年十七八，全倣此人書，故遂成與之相似。」乃知今世所傳右軍遺蹟，不知是真是僞，但陶公所云「此一人」，竟闕其姓名，可爲遺恨。

丙午丁未

俞文豹《吹劍録》：凡丙午、丁未年，中國遇之必災。故宋時有術士上《丙午丁未龜鑑》，謂「自秦昭襄五十二年迄五代，凡二十一次，其年皆不靖。宋南渡，丁未高宗渡江，淳熙丁未高宗上仙，獨淳祐丁未則無他異，惟自夏迄冬不雨，所在湖陂河井枯竭。蓋丙午、丁未在天之中，丙丁屬火，皆在丙午旺鄉。五行中惟水火不宜旺，旺則不可救藥，非有興王盛德，未易當也。故大撓作甲子於丙午，丁未爲天河水，以水能制火也。戊午、己未爲天上火，以戊己土蓋其上，則火不能熾也。」他不暇引。宋以丙午丁未而元代之，元以丙午丁未而我太祖興焉，故有丙午丁未而天下或無大故者，未有大故而不值丙午丁未者也。天行之數，亦可畏哉。

老於宦途不能自引

余嘗謂官尊年至者，多繫戀爵位，不能自決，往往皆妻孥所從臾也。白樂天《戊申歲暮詠懷》有「猶被妻兒教漸退，莫求致仕且分司」，計其時已五十六七矣。又云「龍尾趁朝無氣力」，又云「老病旁人豈得知」，以此光景而猶欲求分司，不意此老亦爲妻孥所從臾如此。其次章云「更擬躊躇覓何事」，末章云「萬一差池似前事」，則亦心欲去而不能自決矣。近代一大老，年已望八，復以三年考滿，臺省露章劾其不知引年，此老乃自疏罪，謂忘其年，豈亦有妻兒爲從臾耶？一笑一笑。

疑耀卷五

蒼梧寄生酒

五嶺之外，絶無佳醖。近遊宦者宴會，皆嗜蒼梧寄生酒，獨其性酷熱，不宜多飲。第蒼梧之酒自古有之，晉張華《輕薄篇》有「蒼梧竹葉清」，陳張正見《置酒高臺上》詩「浮蟻擅蒼梧」，未審即此寄生酒否。

螬可療目

《孟子》陳仲子三日不食，耳無聞，目無見，及食井上螬食之李，然後耳目始有聞見。余嘗疑螬可以治耳目之病，及閲《晉書》盛彦之母失明年久，嘗撻其婢，婢恨，以炙蠐螬啖之。母食之美，後以示彦，彦乃抱母痛哭，然母從此目復明。則仲子之目既盲而復見者，以食螬之李也。因閲《本草》，亦云蠐螬汁滴目中，可去障翳，《孟子》之言不誣矣。

朱考亭妄評杜詩

杜子美有「仰面貪看鳥，回頭錯應人」之句，乃詩家上乘，而朱考亭引之，謂其爲心不在焉，則不得其正，真可發笑，何異癡人前説夢乎？

阮宣子歛錢爲婚

晉阮宣子居貧，四十餘未有室，王敦等歛錢爲婚，皆名士也，慕之者求入錢而不得，固是宣子勝事。然以王敦而與歛錢，不無損於匪人，豈當其時敦惡尚未著耶？然其家思曠、謝幼輿諸人皆逆覩之，而宣子獨不知，何也？至其時有求入錢而不得者，其人亦自有致，宣子奈何拒之？後王敦爲鴻臚卿，謂宣子無食，鴻臚丞差有禄，宣子竟從其命爲鴻臚丞。此與阿兄遙集不肯與温太真同受顧命，便差一着。且宣子素不喜見俗人，遇即舍去，何至與王敦周旋乃爾？大不及其家思曠以酒廢職也。然宣子固可兒，何至向王敦作活？其爲鴻臚丞也，豈如思曠所云，既不能躬耕自活，必有所資，故曲躬爲憂生計耶？

帝王謚號

上古帝王皆無謚號，堯、舜、禹、湯是也。至周公旦始立謚法，謚其父爲文，兄爲武，然止一字而已。秦始皇削去謚法，止以一世二世爲稱。漢仍秦俗，故謚亦一字，然亦皆死而定名。至唐乃生而加美謚，多至十餘字以上者。我朝雖死方易名，然唯臣子二字，若帝王，則亦多至十餘字矣。不意元俗尚猶近古，太祖之謚不過六字，太宗以下皆兩字，獨秦王太師巴延者，人臣也，生前輒加美謚十四字。夫考行定名，是非毫不可掩，豈以字之多寡爲美惡哉？

元俗近古

元俗帝王送終之具，梡木二片，鑿空其中類人形，合爲棺，置遺體於中，加髹漆畢，則以黃金爲圈三，圈定，送至直北寢園之地，深埋之，用萬馬蹴平，俟草青方解嚴，則已漫同平坡，無復考誌遺跡，此亦古人不封不樹者之遺意也。

以詩句定人品

李布政昌祺，江西人，卓爾不羣，其行概詳《水東日記》。嘗作《剪燈餘話》，詞雖近褻，而意皆有所指，故一時搢紳多有心非之者。其作《彈琴記》有「江南舊事休重省，桃葉桃根盡可傷」之句，亦皆寓言。韓公雍按江西，即以公有此書不祠鄉賢。因憶王荆公集四家詩，不録李白。蔡天絫問其故，荆公曰：「才高識卑，言酒色者十八九。」夫文人遊戲筆墨，二李之遭王、韓，亦不幸矣。

滁地爲南北要地

滁州雖彈丸地，亦逐鹿者所必争也。蓋淮南無山，惟此州邊淮，有高山大川，江淮相近處爲淮南屏蔽，去金陵才一水隔耳。既得滁州，不惟可斷中原南顧，即淮南以北，一望平原，無復險隘足虞。故宋太祖之受周禪也，其威名起於清流關之斬皇甫暉。我太祖之混一四海也，亦起於滁州之首克。孰謂地險不足恃哉？

樂律不講

國朝文明之運，夐出前古，獨樂律一事置而不講。韓苑洛邦奇嘗爲《樂書》，行於世，然未有能講解而施行之者。洪武中，有山西都指揮郭敬解鍾律，以水置食器中，斟酌損益，以箸擊之，即合音調。嘗聞教坊奏登降之樂，愀然不樂。或問之，曰：「非爾所知。」當事者誠加意此事，請開一樂律科，安知無郭敬其人者出而應乎？

國初乘驢

國初風俗淳朴，搢紳在京師多有乘驢者，如《草木子》載李公紀爲治中，嘗有詩云：「五品京官亦美哉，腰間銀帶象牙牌。有時街上騎驢過，人道遊春去未回。」嘉靖初年，觀政進士每三四人共賃一驢，此風今不可復覩矣。

詩法

四言詩自「三百篇」後絶無繼者，獨韋、孟稍近之。漢、魏而下，詞既偶儷，氣亦緩弱，至顔、陸諸篇，大非風人之旨。茂先《勵志》，淵明《停雲》，雖云古質，然尚不逮陳思王，况《雅》《頌》乎？故作四言者必以「三百篇」爲法，而五言古必取材於漢魏。蓋建安諸子猶有古風，特華采過之，故渾厚不逮耳。若潘、陸、陶、謝，則去漢遠矣。五七言近體，唐初沿陳隋之習，雖音響鏗鏘，藻思麗逸，而風骨未備。李、杜、王、孟、高、岑諸子繼作，陶鎔變化，集厥大成。至於錢、劉、元、白，則涉於淺易，而才力頗弱，故作者罕尚焉。

淫亂之始

淫亂之俗，軒轅氏而下皆未有見者，至夏少康時，浞國之君娶純狐氏，有子早死，其婦曰女岐，寡居，澆强禦往求之。女岐爲其縫裳，共舍而宿，男女淫亂，實自此始。

婦人遭亂

婦人不幸而遭變亂，爲人所執者，止有一死，乃稱完節，别無他説可自解者。宋建炎間，金兵犯廣陵，有晏氏者，元獻公殊四世孫女，年十五，從其叔孝純官廣陵。廣陵破，氏在俘囚中，敵人欲脅而污之，不從，或自經，或投井，皆以救獲免。主母愛之，撫育如己出。年至三十一歲，猶無恙也。節則節矣，國破家亡，乃偷生十五年，欲何爲乎？

王導遺誅

楊用修謂王導非忠臣，其説甚詳。余按《晉書》，導之罪猶未盡也。晉周札爲右將軍，都督石頭軍事。王敦反，攻石頭，札開門應敦，故王師敗績。敦以札爲會稽内史。時札一門五侯，吴士貴盛莫比，敦已憚之。及敦疾，錢鳳欲害札宗以自託，沈充譖之於敦，敦遂誅周氏，襲札於會稽。札率兵拒敦，兵散而死。後札故吏詣闕訟寃，宜加贈謚。卞壼議以札開門延寇，不宜追贈。郄鑒亦謂札宜從卞議，獨王導數爲申復，當與周顗、戴若思同例，朝廷竟從導議追贈。余謂開門延寇，乃不臣之大者，後雖中異殉身，何足以贖？壼、鑒之議於是爲正。導乃以石頭開門爲信敦匡救，札所以忠於社稷，然則敦之舉兵内向，即以隗、協干政爲名，亦豈忠於社稷耶？夫敦之不臣，何待周顗見誅而後見其罪，即其向石頭時，雖三尺豎子，豈受其欺者？以札而信其爲匡救，此不足責，以導而亦云然，大義滅親者不如是也。當壼、鑒議駁，導乃抗顔争之，將誰欺乎？且札兄之子曰筵者，聞札開門納敦，(噴)〔憤〕咤慷慨，義形於色，札既可以愧死。而導乃以敦之入石頭爲匡救，以札之納敦爲忠，蓋導亦一札耳，何以謝筵於地下哉？時有周撫者，嘗爲敦從事中郎，從敦俱反。敦敗，撫亡入西陽蠻中。後因詔原敦，撫詣闕請罪，詔禁錮之，而導乃用爲從事中郎，又何疑導之以札爲忠也？導之黨惡如此，萬世其有遺誅乎？

陶侃被誣

陶士行唱義於晉室板蕩之秋，破石頭，斬蘇峻，誠爲一時元勳。獨史載其夢生八翼，登天門九重至八，閽者以杖擊之，墜地折左翼。及握重兵居上流，潛有窺伺之志，輒思折翼之祥，自抑而止。嗟夫，一何誣乎！自古誣人而不得者，必污以閨房之事，以其難明故也。晉史欲誣士行，至加以夢寐中事，其難明更甚於閨房者。且士行實懷異志，果有此夢，正令自知，人安得而知之？其説固不攻自破。蘇子瞻嘗言士行忠節可横秋霜而貫白日，余因按其行事始末，生當浮虚之俗，動而見尤，一入仕途，荆棘萬狀，終日自運百甓於竹頭木屑間，雖一束之樧，亦經營不怠，卒能恢廓才猷，立功立事。蘇峻之禍，賊將害其子者，馮鐵也。鐵奔石勒，勒收爲戍將。勒卒畏士行威名，遂殺鐵。勒嘗自負標置二劉之間，俯視曹孟德、司馬仲達，顧憚士行若此。梅陶稱士行機神明鑒似魏武，忠順勤勞似孔明，豈欺我哉！當其義旗既建，一麾東下，子喪不臨，直趨蔡洲，一時勤王，蔑有先者。逮元勳克集，實主齊盟，乃退然不居，旋師歸藩，臣節益著。夫坐擁八州，精兵在握，設士行而誠有不臣之思，其改步猶反掌耳。雖朝廷憚其勳名，每加疑備，而士行處之泰然。末年臥疾，封府庫而登舟，舉慤期以自代，視去方伯之重任如脫屣然，其始終本末無一可議，不臣之迹，果安在哉？獨覽庾亮之傳，應詹之書，則疑其跋扈；觀温嶠之舉，毛寶之謀，則疑其顧望，毋亦行高者毀來？加以蘇峻之誅，庾亮恥爲之屈，士行且溘先朝露，後嗣彫零，庾氏世總朝權，秉史筆者能不曲徇？今乃舍其灼然之跡，而信其夢寐之言，豈爲善觀史哉？

青紙詔

《晉·楚王瑋傳》有「青紙詔」，密詔也。説者意以青紙爲之，用藥物作書，以水浮即見。如今人挾帶文字入棘試者，於青布衣上以藥物寫文字，臨時以水沃之，其字立見也。

禄命家言

禄命家言，自周以來有之。《小雅》曰：「天之生我，我辰安在？」辰即所值歲時、日月、星辰、五行之吉凶也。賈誼、王充輩亦皆有禄命之説，第未知其術何若耳。惟吕才者獨著論以深絶之。至唐乃有李虛中，嘗爲侍御史，始精其術，以人之始生年月日時支干，斟酌壽夭貴賤，亦往往有驗，即今所傳「子平」是也。晉王導病，令戴洋推算，洋曰：「君侯本命在申，而於申上之石頭立治，金火相爍，水火相煎，故受害。」導即移居東府，病差。不知其術與今同否。余謂星相之家，自有其理，原非幻妄，第非如今之術士所能推測耳。術可不信，理可不信乎？大都十而不能得六七，不足以見造化；十而不失三四，亦不足以見造化之巧。無論星相，即醫術亦然。初學之醫，十亦能活二三人；三世之醫，十亦常失二三人，是人之生死自有定數，非醫之功，亦非醫之罪也。

司馬遷論五音

宮、商、角、徵、羽五音，乃天地間自然相生者。司馬遷以宮生角，角生羽，羽生商，商生徵，徵生羽，羽生宮，是反其所剋也，豈別有説乎？請以質之知樂者。

改元

《道藏》中《三一》等經，有平初、太始、元景、延和、赤明、延康、康泰、龍漢、開皇、無極等號，皆云上境年號。然則上境亦改元耶？何怪乎漢武帝。可發一笑。

州里難行

孔子曰：「言忠信，行篤敬，雖蠻貊之邦行矣。言不忠信，行不篤敬，雖州里行乎哉。」余謂行於蠻貊者易，行於州里者難也。何者？州里得之於常，蠻貊得之於蹔，蹔者易持而常者難勉也。士固有爲天下之通貴，而不見齒於州里者，可不慎哉！

漢昭烈顧命

五帝官天下，三王家天下，法雖不同，但毫無私意區别其間，無非欲乂安天下而已。漢昭烈與諸葛孔明經營西蜀，以窺中原，無非爲興復劉氏耳。昭烈既崩，其志未遂，嗣子劉禪昏愚暗弱，雖有孔明，亦未如何。昭烈生前豈不知之，晏駕顧命宜曰：「嗣子可輔輔之，如不可輔，則擇劉氏之賢者立之。」孔明王佐之才，必有處此，而劉氏興矣。夫天下者高祖之天下也，凡高祖之子孫皆得而有之，何必拘拘於子禪乃爲漢祀不絶耶？昭烈智不及此，乃曰：「如不可輔，卿可自取。」是置孔明於嫌疑之地，欲變而擇賢，則天下将以昭烈之言而疑己，欲不變，則劉禪又不足與有爲，此孔明所以不能混一天下，而漢祀遂斬也。宋張文潛有詩「永安受命堪垂涕，手挈庸兒是天意」，足爲孔明置詞矣。

更漏

曆法自古重事，至國朝，卒無士人能究心者，民間更漏晷刻，毫不可據。昔張忠定公數領郡事，其寢室中必張燈炷香，通夕宴坐，郡樓更鼓，必令分明，倘一刻差誤，必詰之守籤者，治以罪。今郡邑守令且有不知銅壺滴漏爲何物者，又安望其如忠定之更漏分明也？

學官

國朝設官分職，祇具空名，惟郡邑學官爲甚，不肖者無論已，即翩翩文采者，亦僅以筆札給事上人爲要務，至於作養人才、講解經籍二事，則毫不經心。余憶宋政和中有建言者：見任教授不得爲人撰簡牘樂語之類，庶日力得餘，辦舉業事，以副陛下責任師儒之意。故鄒公浩嘗爲潁昌府教授，范純仁爲守，常加禮重。一日純仁欲鄒公爲撰樂語，鄒辭不爲。范曰：「翰林學士亦作此。」鄒曰：「學士則可，教授則不可。」范改容謝焉。余故表而出之，以告廣厲學官者。

邵堯夫不娶

邵堯夫四十餘歲始娶，至四十五歲始生男，有詩曰：「我今行年四十五，生男方始爲人父。」豈其幼年斷意婚娶，至是乃念及不孝爲大耶？陳希夷嘗相种明逸，不娶可得中壽，明逸從之，六十歲卒。古人不娶者衆矣，若明逸者，豈天欲其無後耶？

險字押韻

詩家押韻，遇險字，雖宗匠亦難藏拙，而近體押韻尤難。他且勿論，即杜少陵數押「爲」字，終不能佳。《送王侍御往東川》「此贈怯輕爲」，《從驛至東屯》「一學楚人爲」，《同舍弟宴書齋》「書齋能爾爲」，《宴楊使君東樓》「樂任主人爲」，《贈畢曜》「顔狀老翁爲」，《偶題排律》「餘波綺麗爲」，皆足掩口。

世宗崇道教

世宗晚年專事祠禱，每有賞罰，或聽於神。歲己卯，周太常怡爲給事中，嘗疏斥時相嚴嵩、翟鑾，言甚剴切，疏中有「陛下日事禱祀，而四方水旱未銷」之語，相嵩以間入，詔廷杖，下錦衣獄。乙巳，始以箕仙言釋之。未幾，又以熊尚書浹格營箕仙臺，復逮怡。丁未二殿災，又釋之。時京城中相傳，上實聞空中有神語，當釋三人，謂御史富平楊爵、工部郎中泰和劉魁及怡，皆以言事同繫云。怡，寧國府人。

晉八伯

晉時兖州八伯，擬古八儁。阮放曰宏伯，郄鑒曰方伯，胡毋輔之曰達伯，卞壼曰裁伯，蔡謨曰朗伯，阮孚曰誕伯，余知之矣，至劉綏曰季伯，羊曼曰黯伯，不得其解。時兖州又有四伯，以擬四凶。張嶷之狡妄曰猾伯，羊聃之狠戾曰瑣伯，擬之於凶，彼固低首，而以江泉之能食爲穀伯也，史疇之大肥爲笨伯也，亦以凶擬之，能無反唇？

燈夕

上元張燈，《太平御覽》謂起於《史記·樂書》，曰：「漢家祀太一，以昏時祠到明。」今《史記》無其文，豈《史記》復有別本耶？宋太宗朝又不獨上元張燈，七月之中元，十月之下元，亦皆張燈，故（上）〔三〕元皆不禁夜。至淳化元年庚寅，乃詔罷中元、下元張燈，惟上元仍舊，至今因之。

蘇東坡寓惠

余嘗怪蘇東坡寓吾惠最久，寓惠録所載一時邂逅。止翟夫子、羅浮道士二三人，別無有交往者。其文字書畫遍遺海内，而吾惠絶無片紙隻字，豈其時未有能識公者，抑無一人足與言耶？偶讀公《答李端叔書》曰：「得罪以來，深自閉塞，扁舟草履，放浪山水間，與漁樵雜處，往往爲醉人所摧罵，輒自喜漸不爲人識。平生親友無一字見及，有書與之，亦不答，自幸庶幾免矣。」乃知當時惠人士知公者固少，即公亦且深自韜晦，知希我貴，豈不信哉。

韓昌黎登華山

李肇《國史補》載韓昌黎嘗登華岳之巔，顧視險絶，恐不可復下，遂發狂痛哭，因縋遺書爲訣，且譏好奇者之過。華陰令百計取之，乃能下。宋沈顔爲之説，謂昌黎憤世之趣榮貪位者，若陟懸崖，險不知止，故身危而踣蹶，不知税駕之所。世儒亦信從之。余謂不然，趣榮貪位，孰有過於昌黎者？其登華巔而痛哭也，誠有怖死之心乎。及讀《隱居詩話》引昌黎《贈張籍》詩：「洛邑復休告，華山窮絶陘。倚岩睨海浪，引袖拂天星。日駕此回轄，金神所司刑。泉紳拖修白，石劍攢高青。磴蘚澾拳跼，梯飈颭伶俜。悔狂已咋舌，垂誡仍鐫銘。」則沈顔之妄説益較著矣。

戴逵阮瞻

晉戴逵善鼓琴，武陵王晞使人召之，對使破琴曰：「戴安道不爲王門伶人。」阮瞻亦善鼓琴，人聞其能，多往求聽，不問貴賤長幼，皆爲彈之，神氣沖和，不知向人所在。内兄潘岳每令鼓琴，終日達夜無忤色。人皆知安道之高抗，而不知千里之以恬淡爲高抗也。

邊　韶

漢邊韶嘗爲老子碑銘，謂孔子學禮於老子，時年十有七歲。按《世家》，孔子年十七，孟釐子病，誡其子必師孔子。故孟懿子與南宫敬叔往學焉。其次又云：敬叔與孔子適周，見老子。詳史之所記，皆非一年中事，况孟釐子卒在魯昭公二十四年，孔子蓋年三十有五矣。韶不詳究史家之旨，以大聖人事昭著耳目者而亦誤用之，何貴乎「五經笥」也？且韶以老子與子西同傳，深詆班氏之失，至於與韓非同傳，何爲置而不論？韶即爲五經笥，是亦未聞道者。

孫叔敖

楚孫叔敖，《左傳》載爲蒍敖，又爲蒍艾獵，杜預稱蒍叔敖，它書但云孫叔敖，未知其名爲饒也。《隸釋》録楚相孫叔敖碑，乃知名饒，古之難博如此。又云高梱改幣，乃敖革故易俗之事，乘馬三年，不别牝牡，皆可以補《左氏》之闕。

寒食

寒食節，《荆楚歲時記》云：去冬至節一百五日，即有疾風甚雨，謂之寒食。據曆，當是春月清明前二日。或謂冬至至清明凡七氣，至寒食止百三日。殊不知曆家以餘分演之也。元微之《連昌宫詞》有云：「初過寒食一百六，特勅宫中許然燭。」一百六又在清明前、寒食後。古人寒食之節，初無定時，後人既合爲一，而又指爲三月之三日，恐不可信。民間值此節斷火凡三日，齊人呼爲冷節，又曰熟食，又曰禁烟。又按桓譚《新論》太原郡民以隆冬禁烟五日，《後漢·周舉傳》太原士民每冬中輒以介子推焚死之故，一月寒食，莫敢舉烟，舉爲并州刺史，以盛冬去火，損殘民命，禁止之，俗遂頓革。則此節又在冬仲，非春月矣。禁火三日，或五日，或一月，其風俗之不同乎？《初學記》所載《琴操》注，又謂介子推以五月五日焚死，晉文公哀之，每值是日，禁民間不得舉火，則寒食之説又非冬仲。是寒食之節，其説有三也。及考《左傳》《史記》所紀介子推事，絶無焚死之文，惟《晉乘》及漢劉向《新序》乃云：子推隱於介山，文公求之不得，遂以火焚其山，子推堅不出，因以焚死。余按《晉乘》文字大非春秋時口吻，其爲僞書無疑，蓋傅會劉向者，不足據。然亦未嘗明言春月、冬仲及五月也。《先賢傳》《鄴中記》皆因之。余謂介子推事當以《左傳》《史記》爲信，焚死之説，甚爲謬妄。晉文公好賢下士，豈有賢人不肯出，遂以火焚之？其説不攻自破。則寒食禁火，自别有説，非爲子推，斷可識也。余偶閲《周禮·司烜氏》「仲春以木鐸徇火禁於國中」，注云：「爲季春将出火也。」今寒食準節氣是仲春之末，清明是三月之初，禁火當是周制，但司烜氏徇火禁乃出火，非禁火，豈欲出新火，故亦禁舊火乎？或云：龍星，木之位也，春屬東方，心爲大火，懼火盛，故禁火，是以寒食有龍忌之禁，其説益明矣。

上墓設烏飯

寒食節上墓，其制亦未見於古，獨鄭正則《祠享儀》曰「孔子許望墓以時祭祀」，未嘗明言以寒食節，則四時皆可上墓矣。《五代史·帝紀》云「寒食野祭焚紙錢」，亦止言野祭，又未嘗明言上墓。唯唐開元勅：上墓以寒食日，同拜掃禮。此後世寒食上墓之所由起也。《夢華録》乃云：十月朔，都城士庶皆出城饗墓，又非以寒食也，此則風俗之不同耳。余里中上墓，皆以清明、重陽二節，獨清明日上墓必以烏飯。其法先以青欎漬米，搗楓樹葉染之，亦非無謂。《零陵總記》：居人遇寒食節，以楊桐葉、細冬青染飯，色青而有光，食之資陽氣。道家謂之青精乾石䭀飯。楊羲《與許遠遊書》「故服䭀不」，即此物。陶隱居《登真訣》亦云太祖真人有此法，又法南天竹葉煮汁漬飯，名曰黑飯。故杜甫云「豈無青精飯，使我顔色好」，鄭畋詩「圓明青䭀飯，光潤碧霞漿」。余里中烏飯，即此法也。第古人雖有此飯，非以上墓，上墓設烏飯，豈亦薦其時食之意乎？

生兒詩

蘇東坡《洗兒》詩：「人皆養子望聰明，我被聰明誤一生。惟願生兒愚且魯，無災無難至公卿。」朱晦庵生，其父松於晬日亦作詩：「行年已合識頭顱，舊學屠龍意轉疎。有子添丁助征戍，肯令辛苦更冠儒。」二公皆一意也。然士大夫生子而遇此時，作此詩，亦世道之不幸乎？

以行呼

朋友相呼以行數，唐宋以來皆然。其俗起於北齊，張稷爲豫章王主簿，與劉繪俱見禮接，未嘗呼名，呼爲劉四、張五，前此未聞也。第此等相呼雖雅，亦近於狎。黄山谷嘗避暑於李氏園亭，題壁云：「荷舞竹風宜永日，冰壺凉簟不能迴。」題詩未有驚人句，會喚謫仙蘇二來。」秦少游見之，言於坡公曰：「以先生爲蘇二，大似相薄。」公亦改容。然坡公《讀山谷煎茶詩》，曰：「黄九怎得不窮，足以相當矣。」

社稷

《禮記》曰：「共工氏之霸九州也，有子后土，能平九州，故祀以爲社。」《左傳》曰「共工氏有子句龍，能平水土，故祀以爲社」，句龍即后土也；「厲山氏之子柱，能植五穀，故祀以爲稷」，是后土乃社之神，柱乃稷之神矣。至蔡邕《獨斷》則曰：「周棄生而能植百穀，稷乃百穀之長，因以稷名其神。」此説爲是。蓋稷之神乃空名，非實指棄與柱，社之神亦空名，非實指后土也。又有祖社之社，《冬官》「左祖右社」，《風俗通》曰：共工氏有子脩，好遠遊，没而祀爲社，故出行者皆祀之，《説文》云「祈請道神謂之社」，晉嵇含《社賦序》「有事於遠者，吉凶偕名」。是共工氏有二子皆爲社神矣。又有社日之社，亦實無定神，歷代皆以國家所乘五行之運爲之，亦無定日。杜工部《社日》詩用伏日事，姚令威《叢話》以爲誤，不知《史記·年表》秦德公始年用伏日祠社，伏與社乃同日也，至漢乃有春、秋二社，始與伏分耳。

二氏

佛藏惟《四十二章經》其來甚古，第未知果出於佛否。《維摩經》亦南北朝作，如小乘諸品，皆西僧爲之。道經獨《道德》《南華》《列禦寇》《丹經》《黄庭》《陰符》諸篇尚可觀，其餘皆僞書也。余嘗欲取二氏書删之，佛藏擬所存者不能十之一，道藏擬所存者不能百之一，未審功力能及此否。

太監雲奇

丞相胡惟庸之變，首發其謀者，贈司禮監太監雲奇也。奇南海人。時奇以内使守西華門，去庸居第甚邇。庸謀逆，詭稱所居井湧醴泉，邀上幸，而伏甲以待。奇偵得之，走當蹕道，勒上馬言狀，氣鬱舌駃，不能宣。上恚甚，左右撾箠亂下，奇臂折，猶奮指逆臣第。上悟，登西皇城樓瞰逆臣第，中皆伏甲，因亟發禁兵捕之。而後召奇，則氣絶矣，詔贈奇内官監少監，賜葬太平門北中山王墓之左，有司歲時致祭。嘉靖中，守備高隆、王萱等復上其事，請於朝，特贈司禮監太監，加諭祭。少司空何孟春爲文紀之墓。及考國史，則謂惟庸以他事多不軌，故被戮，不及醴泉出邀上臨視事，又以醴泉出爲故里第，石筍發，井湧數尺，非丞相府也。雲奇發逆謀功甚大，而史亦佚其名，何也？

女兒把子

今江南女兒未破瓜者，額前髮縛一把子，即張子野詞「垂螺近額」，晏小山詞「雙螺未學同心結」，垂螺、雙螺即把子也。

諸葛入蜀

諸葛孔明棄荆州入蜀，蘇老泉甚詆其非，世儒多是之，而不知其説本元魏崔浩之對毛修之也。詳《毛修之傳》。

疑馮宿代韓昌黎之筆

韓昌黎文起八代之衰，當時委未有能識之者。其《論佛骨疏》，宰執疑其同幕馮宿代筆，亦是怪事。宿，浙之東陽人，貞元中進士，歷刑、工二部侍郎。有《格後勅》三十卷行於世。弟定、審、寬，皆進士，俱以文名。

觀日出入

周穆王駕八駿，欲西觀日所入處。秦始皇作石橋海上，欲東觀日所出處。英主好奇類如此。

東漢碑文

東漢文字碑碣之類，多有不成文理者，如《咸陽令唐扶頌》云：「造立授堂，四遠童冠，摳衣受業，著録千人。」夫以講堂爲授堂，又四遠童冠爲句。其下云「五六六七，訓導若神。」「五六」者，用「冠者五六人」，又「六七」者，用「童子六七人」之文也，此何等語？

篆體

篆書以清圓勁拔爲上，秦李斯真蹟不可復覩，唐李陽冰乃斯之復出也。自江南徐鼎臣鉉始變而爲肥，已遠於古，然猶不失古意。至元趙子昂，素愛鼎臣書，所作大小篆多類鼎臣，由是學者翕然效之，甚至彭亨濁俗如腯豕然。不知子昂天資高邁，所書自過於人，俗子輩塵胞陋質，欲逐其迹，乃畫虎不成反類狗耳。

獸名窮奇

《神異經》，後人僞書也。漢東方朔詼諧好言奇怪，故此經托名朔耳。且其文甚陋而野，非朔之筆明甚。第所載有獸曰窮奇者，言見忠信之人則嚙而食之，見奸邪之人則擒禽獸而飼之，此亦非苟作者，豈有激而云然耶？《山海經》有云：「邽山有獸，狀如牛，蝟毛，曰窮奇，音如嗥狗，能食人。」郭璞注：「或云似虎，一名神狗。」則實有此獸，未知同否。

繡襦傳奇

今俗演《繡襦傳奇》，鄭元和殺駿馬奉妓人李亞仙，此乃元翰林學士王元鼎與妓人順時秀事也。

古裝書法

今祕閣中所藏宋板諸書，皆如今制鄉會進呈試録，謂之蝴蝶裝。其糊經數百年不脱落，不知其糊法何似。偶閲王古心《筆録》，有老僧永光相遇，古心問僧：「前代藏經，接縫如綫，日久不脱，何也？」光云：「古法用楮樹汁、飛麪、白芨末三物，調和如糊，以之粘紙，永不脱落，堅如膠漆。」宋世裝書豈即此法耶？

秦始皇年歲

秦始皇十三歲嗣位，歲在甲寅，是年漢高祖始生。始皇元年爲乙卯，至二十六年庚辰乃自立爲皇帝，三十八年辛卯始崩，是在位三十七年，而稱皇帝止十二年也。

五刑

《古今考》謂五刑唐虞以來有之，未知上古起在何時。漢文帝始除肉刑，刻顙、截鼻、刖足、割勢四者，皆肉刑也。余閲《黄帝鍼經》，帝與岐伯論人不生鬚者，有「宦不生鬚」之語，則黄帝時已有宦者，是黄帝時即有宫刑也。余意鴻荒之世，禮樂刑罰雖不能如後世之詳悉，第其大概，在黄帝時皆已創立，五刑其或起於黄帝乎？但

《白虎通》又云：五帝畫象者，其服象五刑也，犯墨者幪巾，犯劓者赭其衣，犯髕者以其墨幪其髕處而畫之，犯宫者履屝，犯大辟者布衣無領。又按《慎子》云：以畫跪[一]當墨，草纓當劓，履屝當刖，艾韠當宫。是以《尚書》曰「五刑有服」。故凡斬人體，鑿其衍形，曰刑；畫衣冠，異章服，曰戮。則黄帝時又似五刑未設，何以有宦者？請再考之。

張德釗書石本孝經

《昭德讀書志》所録石經，皆有書人姓字，獨《孝經》云不知所書何人。余閲他書，乃知《孝經》張德釗書也。德釗曾守簡州平泉縣令，賜緋魚袋。

〔一〕「畫跪」，今本《慎子》作「幪巾」。

生而有文在手

魯公子季友，生而有文在手曰友，因以命之。初疑其妄，及閲唐《元和姓纂》，堯之長子監明死，而子生有文在手，曰劉，故封於劉。周平王少子生而有文在手，曰武，遂爲武氏。又南氏，《姓源韻譜》，盤庚妃姜氏，夢龍入懷，孕十二月而生，手把南字，長封荆州，號南赤龍。又鮮于氏，《血脈譜》：子仲之子曰文，生而有文在手，左曰魚，右曰羊，及長，封漁陽，爲燕附庸。又閻氏，《唐表》：周昭王少子，生而有文在手曰閻，康王封於閻城。又薛氏，《血脈譜》：文王曹夫人見赤龍交而孕，十二月生子，手把薛字，因以爲氏。此皆譜牒家之言，多不足信，然季友之説，世亦有之，非妄也。

戒蠟

僧家言僧臘者，猶言年歲也。又言戒蠟者，臘當作蠟。余偶閲一内典，西方結夏時，以蠟爲人，其輕重相同，解夏之後，以蠟人爲驗，輕重不差，則爲念定而無妄想，否則血氣耗散，必輕於蠟人，故謂之曰戒蠟，非年歲之臘也。

受財産

李藥師受張仲堅家産，張建封受裴尚書資財，既居之而不辭，入室之初，婢僕有不用命者即鞭撻之，英雄行事大略相同。

玉牒

宋朝玉牒，凡一朝大政事、大號令、大更革、大拜罷皆載焉。仙源積慶乃牒中之一款耳。詳《雲莊四六》所載《進玉牒表》，自首至尾，皆世系與朝政相對。今制玉牒乃止載宗室世系，不及朝政也。

火葬

姑蘇火葬，雖屢經禁戒，恬不爲止，蓋其俗自古已然矣。元祐中，范純仁嘗帥太原，河東地狹，民惜地不葬其親。純仁收無主燼骨，别男女異穴以葬，又檄諸郡倣此，仍自作記數百言，曲折委致，以規變薄俗，而俗始稍變。第姑蘇純仁之鄉也，能變太原而不能變其鄉，何耶？

蓴鱸

張季鷹見秋風起輒思蓴鱸，世皆知其有初服之想而已。余閲《本草》，蓴鱸同羹，可以下氣止嘔，豈季鷹在當時意氣鬱抑，遇事嘔逆，故作此念耶？

牛頭阿旁

古帝王多有云蛇身牛首者，非真身如蛇、首如牛也。今相家者常稱人爲鶴形、虎形，其人豈真如鶴如虎哉？陶弘景乃疑佛氏所述地獄中有牛頭阿旁者爲三皇五帝，何怪誕若是？

鉅靈

鉅靈之迹，傳載所紀，多在蜀中。《水經》所稱鉅靈，謂河神。《漢武帝内傳》：東都進一小人，長七寸，東方朔謂爲鉅靈，蓋名同而神異也。

皇帝王

魏了翁謂皇、帝、王三者，皆節惠易名之謚也。人主生稱皇帝，自秦政始，漢高帝遂因其陋，至今不改，是生而爲謚也。故三皇、五帝、三王，皆後人所謚者。第今之有天下者，不稱爲皇帝，將何稱耶？安得此老復起而詰之？

梅竹宜瘠地

梅與竹皆植物中有幽致者，然梅以古爲韻，竹以堅爲材。故肥壤植梅，雖華茂而其韻常之，以枝榦不蒼也。肥壤植竹，雖森發而其材常脆，以枝節易蠹也。宋葉夢得善種竹，後遇王份秀才曰：「竹在肥地雖美，不如瘠地之竹，或岩谷自生者，其質堅實，斷之如金石。以爲椽，常竹十歲一易者，此倍之。」夢得歸而驗之，果信。余於竹而悟梅不宜肥壤，又於梅與竹悟人間世之瘠者爲藥石，而肥者爲疢疾也。

藥樹監搜

元微之有詩曰：「松門待制應令遠，藥樹監搜可得知。」余初不曉監搜之義，又疑「藥樹」爲有誤。及閱麗元英《文昌雜録》，亦爲「藥樹」，豈樹有名藥者耶，抑或可爲藥之樹也？若「監搜」，則唐制百官入宫殿門，必搜檢，而以監察御史掌之，其立位在藥樹之下。至大和元年始詔停此制云。

佛書可疑

余嘗疑今中國所行佛書，蓋經數譯而後成。因憶契丹初入中國者，實名安巴堅，時李琪撰《賜契丹詔》，乃作阿布機。後有歸自虜中云：「虜人實呼爲安巴，非阿布也。」身毒國在漢時譯作捐篤，其後又譯作乾篤，復名之曰乾竺，今且爲天竺矣。譯者但取語音相近，不問字義云何。設有人持中國所行五千八百卷往彼土，不知與當時雙樹下語一一契合否？

漢閏之誤

三歲一小閏，五歲一大閏，自唐虞已然。若《漢書·表》及《史記》漢未改秦曆之前，迄至高后、文帝，皆書閏九月，蓋秦之曆法不明，凡應置閏者，皆總而致之於歲末也。其亦據《左傳》所云「歸餘於終」而誤用之者耶？

㛊嫪

今世諢語宿娼客曰「孤老」，世多不解其語。余閲《要雅》，游壻曰㛊嫪。㛊，胡故切，嫪，力到切，皆戀惜意。因憶《史記》秦始皇母后所幸曰嫪毐者，《正義》云：嫪，躬到反，毐，酷改反。《索隱》云：嫪姓，毐名。《漢書》注嫪氏出邯鄲。王邵云：賈侍中説秦始皇母與嫪毐淫，坐誅，故世人罵淫曰嫪毐。《廣韻》亦云：毐者，無行之稱也。則非名矣。今之呼游壻爲㛊嫪也，其起於毐耶？是嫪毐非姓名，而《索隱》及《漢書》似誤矣。

珠池

廉州珠池，乃海之港也。劉恂《嶺表録異記》謂海邊之中有島，島上有大池，其底與海通，豈恂之所見别有島上之池耶？

烏寶

元高明有《烏寶傳》，曰：「寶素勢利，其富室勢人，每屈輒往，雖終身服役弗爲厭。若窶子貧氓，即傾心願見，終不一往。尤不喜儒，雖暫相往來，亦終不能久留也。」余之不能爲烏寶主人也固宜。

石有生長

《漢青衣尉趙孟麟羊竇道碑》，乃磨崖也，洪适《隸釋》謂此碑崖石增長，字體失真。余頗疑之，崖石豈有增長之理？或苔蘚所蝕耳。後遇李觀察開芳，爲言晉江傅公夏器祖墓有一石笋，初僅尺許，歲漸生長至三尺餘，公遂爲南宫第一人。相墓者以此石笋爲貴徵，其族人妒忌，夜折之，遂不復長，故公位僅至員外郎，乃知洪氏之言非虛也。

子孫用祖宗樂

韓苑洛論樂，謂：「祖宗之樂決不可奏於子孫之廟，豈可以子孫坐於上，而呈祖宗之形容哉？子孫有功德者，宜别爲樂，蓋子孫之樂則可奏之祖宗之前，以慰悦祖宗之心也。」此説亦近理。第樂所以象成功，子孫豈一一皆有成功者？功之未成，而欲舍祖宗之樂，未知有事於廟時用樂乎，不用樂乎？安得苑洛復起而質之。

骨董

「骨董」二字乃方言，初無定字。東坡嘗作骨董羹，用此二字。朱晦庵《語類》乃作「汩董」，今人作「古董」字，其義不可曉。

拾青紫

世人皆知「拾青紫如拾地芥」爲夏侯勝語，而不知「青紫」二字何所本。漢制：

丞相、太尉金印紫綬，御史大夫銀印青綬，皆官階之極崇者，故云拾青紫，謂紫綬、青綬也。顔師古注以青紫爲卿大夫之服。余因詳檢《史》《漢》諸書，漢卿大夫未有服青紫者，顔師古但據當時所見爾。

種竹

種竹者必以五六月，雖烈日無害。世言五月十三日爲竹醉日，可移竹。余居田間，好種竹，不必此日，凡夏月雨天皆可種也。若杜少陵詩「西窗竹影薄，臘月更須栽」，又以冬而種竹。石林《避暑録》所載，嘗依少陵詩於臘月種竹，卒無一生者，豈地有不同耶？

持齋

宋文帝嘗謂求那跋摩曰：「弟子常欲齋戒不殺，迫以身徇於世，不獲從志。」跋摩曰：「刑不失命，役無勞民，則風雨順時，寒煖應節，百穀滋榮，桑麻菀茂。如此持齋，齋亦大矣，如此不殺，德亦衆矣，寧在闕半日之飡、全一禽之命然後爲齋耶？」噫！今世之愚民無論已，余嘗見縉紳間有手不離念珠，口不離南無，斷葷止酒，持誦飯僧，作大功德，然而貪殺甚於盜跖者，豈未聞跋摩之語耶？

疑耀卷六

茶

古人冬則飲湯，夏則飲水，未有茶也。李文正《資暇録》謂茶始於唐崔寧，黃伯思已辯其非。伯思嘗見北齊楊子華作《邢子才魏收勘書圖》，已有煎茶者。《南窗紀談》謂飲茶始於梁天監中，事見《洛陽伽藍記》。及閲《吴志·韋曜傳》賜茶荈以當酒，則茶又非始於梁矣。余謂飲茶亦非始於吴也。《爾雅》曰「檟，苦茶」，郭璞注：「可以爲羹飲。早採爲茶，晚採爲茗，一名荈。」則吴之前亦以茶作飲矣，第未必如後世之日用不離也。蓋自陸羽出茶之法始講，自吕惠卿、蔡君謨輩出茶之法始精，而茶之利國家且藉之矣，此古人所不及詳者也。

林逋

林逋居孤山，畜一鶴，客至則童子放鶴，逋見鶴即歸，其好客如此。宋江鄰幾作《雜志》，載許洞嘲逋詩有「豪民送物仲鵝頸，好客窺門縮鼈頭」之句，蓋無根之謗也，鄰幾載之何意？李畋《聞見録》載和靖隱居，朝廷命守臣王濟訪之，逋聞之，即懷詩文求見濟，乃以文學保薦逋。及詔下，唯賜帛而已。濟曰：「草澤之士，不學稽古，不友王侯。文學之士，修詞立誠，俟時致用。今林逋兩失之矣。」夫以和靖之高隱，而猶以詩文取譏，亦不念古人「身既隱，文焉用」之語也。今之自稱山人者，又何以文爲哉？

樂府之誤

樂府本以被管絃者，今所傳古樂府詞多不可讀。沈休文曰：「樂人以聲音相傳，大字是詞，細字是聲，聲詞合寫，愈傳愈訛，至今遂不得其解耳。」故後人作古樂府止用其題，不襲其意，亦不諧其調。如《朱鷺》則詠鷺之色，《艾如張》則詠射雉事，或五言，或七言，或近體，或歌謡，皆如詠物體，蓋自魏而後皆然，不特唐人也。至於可被管絃與否，不復問矣。

書簡用死罪

《侯鯖録》謂晉、宋兵革之間，禁書疏，非吊喪問疾，不得輒行。晉人書啟多用「死罪死罪」，是違制令故也。余謂不然，漢董仲舒詣丞相公孫弘記室書已前用之矣。

張　楚

陳勝自立爲王，號張楚。劉德曰：若云張大楚國也。張晏曰：先是楚爲秦滅，今立之，爲張也。而師古從晏説。余謂兩説皆兼爲是，立楚而號曰張，猶大唐、皇宋、大明云爾。

王弼注利貞

王輔嗣注《易》「利貞者，性情也」曰：「不性其情，何能久行其正。」不性其情，言不以性制情也，句法甚古而理亦明盡。止此四字，不知宋儒費幾多説話。

孔子責冉求

季氏伐顓臾，冉有、季路問於孔子。孔子不責由而責求，曰：「求，亡乃爾是過與？」且呼其名而責之，此正「寧有盜臣」意。

王道王路

《洪範》：「無有作好，遵王之道，無有作惡，遵王之路。」注疏止言王之道爲正道，王之路爲正路而已，道路二字未分别。蔡沈《集傳》亦未及解，新安陳氏止云「互詞叶韻耳」，抑何鹵莽也！箕子作《洪範》，其字豈輕下者？余按《周禮·遂人》及《匠人》，自遂上之經至於川上之路凡五，又有經涂、環涂、野涂大小相異，而道容二軌，路容三軌，是道小而路大也，則作好之害小，作惡之害大耳。

夷齊不食周粟

伯夷、叔齊不食周粟，餓於首陽之下，蓋不食周之禄，非絶粒不食也。古人禄皆以粟，如原思爲宰，與之粟九百是也。時夷、齊特不欲爲周之臣，故辭其禄耳；若自耕之粟，未嘗不食也。餓而採薇者，粟或不足，有時採薇以充之，非止食一薇也。周土之毛，即所耕之粟亦毛也。程伊川之説得之，特未發明耳。《三秦記》謂夷齊食薇三年，顔色不變，得無誕乎？宋石曼卿謂夷齊不死於周之土，而死於蒲阪。以蒲阪爲堯舜揖遜之區，蓋有深意焉。第首陽之山散見各郡國，諸家紛紛，未有的據。夷齊之死，或在首陽，或在蒲阪，宜再詳之。

獬豸

獬豸性忠，能觸不直，咋不正，見於往籍，不一而足。宋羅泌不以爲然，因引齊莊公有臣曰：「王國卑與東里徼訟，三年不決，乃令二人共一羊盟於社。二子相從，刲羊，以血灑社。讀王國卑之詞已竟，東里詞未半，羊起觸之。」是能觸不直者，羊之性也，不必獬豸。余因憶里中故老嘗言：有重辟甚寃，歷數官皆不能直。有一郡守復判此獄，而郡堂一鹿闖至公案上，銜其文卷嚙碎之，左右不能奪。郡守心動，遂反前斷，而寃者得白。是鹿性亦能知曲直矣。鹿與羊，凡畜也，能知曲直，况神羊乎？能知曲直者有羊與鹿，而可謂無獬豸乎？天生神物，自有出於常理之外者。草木最爲無知，尚有指佞之草，而謂無獬豸者，過也。第許叔重又以獬豸似牛，與神羊之名戾，或羊類，或牛類，所不可知耳。

伯益之壽

《孟子》稱伯益避位於禹之子啟。詳閱諸書，伯益乃高陽氏之子，其猶子黎逮事其父，則高陽之崩，益年不下四十矣。歷高辛、唐、虞凡二百二十載，是伯益年必二百六十歲，乃及禹之傳位於啟也。堯之諸臣壽最高者，惟彭籛、皋陶、伯益三人，而皋陶年百有六十，則前聞之。彭籛或云即彭祖，或云非是。獨未聞伯益二百六十歲之説，豈《孟子》别有所授耶？

堯舜被誣

堯、舜、禹以聖人爲之君，又以聖人爲之臣，禪受之際，昭著往策，豈復纖芥可疑？而《竹書紀年》謂堯之末年德衰，爲舜所囚，故相之湯陰有囚堯城。又謂舜既囚堯，遂堰塞丹朱，使父子不相見，故鄄城西又有堰朱城。《瑣語》因之，亦曰舜放堯於平陽。而任昉《記》亦以朝歌有獄基，禹囚舜故地也。於是劉知幾遂疑舜廢堯，既立其子，俄又奪之。嗟嗟！堯、舜、禹而猶不免於稗官小説之妄議，又何怪乎秦火耶？余按《竹書紀年》出於魏晉間，是時魏晉得國無不篡弒者，知無以自解於世，而逢君之臣僞撰此書，爲主分謗耳。《竹書》又云：殷仲壬即位，居亳，其卿士伊尹相之。

仲壬崩，太甲立，伊尹放太甲於桐，乃自立。後三年，太甲潛出自桐，殺伊尹，立其子伊陟、伊奮，命復其父之田而中分之。夫太甲、伊尹之事，見於《尚書》《孟子》者，不可信耶？《左傳》曰：「伊尹放太甲而相之，卒無怨色。」杜預乃以《竹書》而疑伏生之《尚書》爲有昏（妄）［忘］，則以小人心置君子腹者，不獨劉知幾矣。

鼻天子冢

舜封象於有庳，即今湖廣永州府零陵縣，今零陵尚有有鼻墟，羅長源謂鼻、庳音相近也。余按《幽明録》始興有鼻天子冢、鼻天子城，今《統志》亦載之。始興屬今南雄府，而《南康記》南康縣亦有鼻天子城，先儒或謂始屬始興，今屬南康，故《統志》於南康不載鼻天子城、冢，豈南康、始興古皆爲楚地，傲象雖封於零陵，及卒乃葬於南康耶？然南康、始興去零陵遠甚，象封於零陵矣，卒乃葬於始興耶？余竊惑之。《統志》又云始興鼻天子墓，昔人掘之，見銅人數十，擁笏列侍，器飾皆金銀。俄聞墓内擊鼓大呼，懼，弗敢取而返。夫銅人狗葬乃出於末代，非有虞之世所宜有也，此鼻天子非象明甚。羅長源作《路史》，於古今疑誤最爲詳核，而亦以始興之鼻天子爲庳象，何也？

張生夢舜

舜號泣於田爲怨慕，《孟子》必有所據。《纂異記》有張生，至蒲關，夢舜召之，問以所業。生曰：「《孟子》。」舜問：「何人也？」生誦其書，至「號泣怨慕章」，舜謂：「[蓋有不知而作之者。朕舍天下二千八百年矣，秦漢典籍，泯其帝圖，號天怨慕，非朕之所行者。莫之爲而爲者天也，莫之致而至者命也。]〔二〕《孟子》不能善傳其意。朕之泣怨已，不合於父母耳。號天怨慕，非朕之所行者。」想舜當時用意，亦合如此，第所述夢中舜語，謂《孟子》爲「不知而作」，則孔子之語也。「莫之爲而爲，莫之致而至」，則又孟子語也。孔、孟生於舜之後凡若干年，舜既死，而亦習孔孟語乎？

〔二〕以上據《路史》補，不補則下文無所照應。

其誕妄如此，羅長源《路史》亦引據之，殊足掩口。

儒釋相通

儒不可不通釋典，釋亦不可不通儒書，離之則兩傷，合之則并美。雷次宗、周續之嘗從釋慧遠受《毛詩》鄭氏箋。今世佛子多以不能習儒乃去而爲釋，欲其闡揚玄教，烏可得哉？

九言詩

古之詩，自二言以至七言止耳，後人有八言，以《毛詩》「十月蟋蟀入我牀下」「我不敢效我友自逸」爲八言之始。獨未有九言者。摯虞《流別論》曰「洞酌彼行潦挹彼注兹」，指爲九言。余檢諸本，皆云「《洞酌》之章，章五句」，則非九言明甚。顔延之亦云：詩體本無九言，將由聲度闡緩，不協金石，故仲治云然耳。今之詩有九言者，其法非古也。

司馬温公之貧

今制黄册，凡糧米多者自立一户，糧少者共立一户，此宋制也。司馬温公罷相居洛中，所買田宅，猶以兄郎中公爲户，謂糧少不自立户也。以宰相田糧不能自立一户，亦足以廉頑矣，第未知其産所入若何。今蘭溪趙文懿公，自登第以至柄國十年，止守祖父遺産瘠壤四十七畝，毫不加舊。若其後人田宅稍饒，則皆治生所致，於公無與。余從公遊二十年，猶未悉公，及公捐館，其里人數爲余言如此。公之相業不具論，獨清修一節，則司馬之後如公者指不多屈矣。

琴辨

《世本》曰琴作於神農，而《琴操》曰作於伏羲。《爾雅》曰：「大琴謂之離。」孫叔然曰：「音多變，聲流離也。」此伏羲之琴也。《樂録》曰二十七絃，郭璞從之，未詳其制之長短何如。《中華古今注》曰：二十五絃琴，或曰二十絃，皆失之，而《樂録》爲正。按伏羲以木王，三與八皆木之數也，故三其九而二十七爲之絃耳。《廣雅》曰伏羲琴七尺二寸，則八其九而七十二寸爲之長也，亦以木爲數也。《廣雅》曰琴長三尺六寸六分，五絃。邢昺曰：此常用之琴也，長三尺六寸六分者，象三百六十六日，五絃象五行。至文王、武王，始加大絃爲君，小絃爲臣。五絃第一爲宫，其次商、角、徵、羽；二絃少宫、少商。上曰池，言其平。下曰濱，言其服。前廣後狹，象尊卑。上圓下方，法天地。十三徽，象十二月加閏。此即今之琴也。夫以伏羲之離而名之曰大琴，乃後人名之耳，比琴爲大，故曰大琴，在伏羲時止名離，不名琴也。少宫、少商二絃始於周矣，而減二十七絃爲五絃，減七尺二寸爲三尺六寸六分，與名之爲琴也，皆在周之先也，不知始於何時，請以俟知者。

九河考

古之九河，諸書相傳者，曰馬頰即馬篤河，曰覆釜河，曰鈎盤河，曰鬲津河，曰徒駭河即徒河，皆在今濟南府境；而胡蘇河、簡河、潔河皆在滄州；又云徒駭河亦在滄州，惟太史河莫詳所在。自漢以來，講求九河者甚詳，漢世近古，止得其三。唐人累集積傳之語，遂得其六。歐陽忞《輿地記》又得其一，或新河而載以舊名，或一地而立爲兩説，要之皆似是而非，無所依據。至其顯然謬戾者，班固以滹沱爲徒駭，而不知滹沱與徒駭不相涉也。樂史於馬頰又以漢馬篤河當之，鄭氏求之不得其説，乃謂齊桓公塞九河爲一河，今河間弓高以東至平原鬲津往往有其遺處，《春秋緯·寶乾圖》云「移河爲界在齊吕，鎮閼八流以自廣」，宜蔡九峰深折其非也。夫曲防齊桓之禁也，豈躬犯之？即霸者輕變古而重於自利，然河水可塞，而河道可盡平乎？酈元《水經》獨曰「九河碣石，苞淪於海」，程子宗之，乃援《尚書·禹貢》「夾右碣石」之文，謂九河果從碣石入海。今兖冀之地皆無碣石，而碣石尚在海中，去岸五百餘里，卓然可見，是九河之説，當以酈元爲正。今之治河者，輒言九河故道，穿鑿求之，宜乎支離而無益於河矣。

龍涎香

龍涎香真僞難辨。按張世南《游宦紀聞》云：諸香龍涎最貴，廣州市直每兩不下百千，次等亦五六十千。出大食國近海，傍常有雲氣罩山間，即知有龍睡其下，或半載，或二三載，土人更相守視，俟雲散，則知龍已去，往觀，必得龍涎，或五七兩，或十餘兩，視所守人多寡均給之。又有説大洋海中有渦旋處，龍在其下，湧出其涎，爲太陽所爍，則成片，風漂至岸，人取之。龍涎入香，能收歛腦麝氣，雖經數十年香味仍在。《嶺外雜記》云：龍枕石睡，涎沫浮水，積而能堅，鮫人採之，以爲至寶。新者色白，稍久則紫，甚久則黑。白者如百藥煎而膩理，黑者亞之，如五靈脂而光澤，其氣近於臊，似浮石而輕。和香焚之，則翠烟浮空，結而不散。又一説：龍出没海上，吐出涎沫，有三品，一曰汎水，二曰滲沙，三曰魚食。汎水輕浮水面，善水者伺龍出，随而取之；滲沙乃被波浪飄泊洲嶼，積多年風雨浸淫，氣盡滲於沙土中；魚食，乃因龍吐涎，魚競食之，復作糞散於沙磧，其氣腥穢。惟汎水者可入香用，餘二者不堪。往歲有詔求龍涎香，而真僞莫辨，余故録之，以廣時人耳目。

漢碑

孫宗鑑《東臯雜録》言「漢碑額多篆，身多隸」，是矣，獨云「隸多凹，篆多凸」，則洪适之《隸釋》，歐陽修之《集古録》，趙明誠之《金石録》皆未及也，豈漢碑尚有遺於三公之見聞者耶？

柴桑

《山海經》所載皆山川之大者，獨未載廬山，而止載柴桑之山。郭景純曰：柴桑山在潯陽南，與廬山相連。余意廬山舊當名柴桑，及匡君兄弟廬之，遂稱廬山耳。今以柴桑別爲一山，而曰與廬山相連，似誤。

荔枝

荔枝之名，諸書皆未詳其義。《扶南傳》謂結實時枝弱蔕牢，不可採，皆以刀斧劙取其枝，故以爲名。余按荔枝之樹甚高大，惟樹杪結實最多，故採者不能攀其枝，多連枝斫之耳。蔕牢之説，殊不然也。

消摩

呼藥爲消摩，詳《杜蘭香别傳》。蘭香降嫁張碩，碩問禱祀事。香曰：「消摩自可愈疾，淫祀無益。」消摩謂藥。余意消摩，按摩也，今治病者有按摩之術。

擊壤

堯民擊壤，壤以木爲之，其形如履，前廣後鋭，長尺四寸，闊三寸。將戲，先側一壤於地，遥於三四十步外，以手中壤敲之，中者爲上。今京師中兒童猶有此戲，或以桃，或以甓，其擊壤之遺乎？獨吴盛彦有《擊壤賦》曰：「論衆戲之爲樂，獨擊壤之可娱。因風化勢，罪一殺兩。」或擊之法與今不同耳。

以糟飼馬

今京師官馬雖有芻豆之給，皆爲馬軍乾没，日惟以枯糟飼之，故雖有良馬，不一二年輒斃矣。海馬骨者最巨，水火俱不能毀，惟以糟漚之遂腐。海馬，神馬也，其骨且畏糟，今乃以糟飼凡馬乎？然京師售馬者云：以糟飼之，可暴壯。惟其暴壯，是以易斃。

家里

白樂天詩：「還家問鄉里，詎堪持作夫。」鄉里，謂妻也。《南史·張彪傳》呼妻爲鄉里：「今我不忍令鄉里落他處。」今人言家里，本此。

五大夫松

秦始封泰山松爲五大夫，此秦時第九爵也，非謂五株松爲五員大夫也。今人相傳爲一松封一大夫，五松五大夫，殊謬。

芍藥握椒

《毛詩·溱洧》之卒章「贈之以芍藥」。芍藥破血，女人無子當服之，故芍藥之贈爲男淫女。《東門之枌》其卒章「貽我握椒」。椒氣下達，可以壯陽，故握椒之贈爲女淫男。此先儒之俚談，然理或有之。

千文

《千字文》，《劉公嘉話》曰：梁武帝教諸王書，令殷鐵石於王右軍書中搨一千字不重者，每字一片紙，雜碎無序。武帝謂周興嗣曰：「卿有才思，爲我韻之。」興嗣一夕編次進，鬢髪皆白。《南史·文學·周興嗣傳》又云：武帝檄魏文，於右軍書中書千字，令興嗣韻之，非殷鐵石也。又有一說：武帝喜鍾繇書，而秘書省所藏鍾繇真蹟甚多，獨年久漫滅散亂，乃令興嗣韻之爲《千文》。未知孰是。今世有鍾繇《千文》，與興嗣所韻者不同，乃後人僞撰也。

蘭香

余里中製蘭香，乃以土香曰白木香者爲骨，即今牙香，粗榦也，剉成片，以水漬之數日，去其木氣，然後暴烈日下，候乾燥，方採樹蘭花，與此香片用紙包裹，復暴於烈日。凡數易花而後成。今俗云傳於吴商，不知此薰香法在宋已有之，自吾廣始，不始於吴也。余閲宋葉寘論香品：吾廣故有吴氏者，以薰香獲富，素馨、茉莉、柚子花皆可爲之。顧文薦《負暄録》亦云：番禺有吴監税者，以香名。豈即其人耶？獨未言及樹蘭花。今樹蘭花薰香盛行，而素馨、茉莉、柚花皆未有製者，試爲之，當不減樹蘭也。樹蘭獨産廣東，不見傳疏，亦不知其當作何名。樹蘭一名珍珠蘭，以其花香似蘭草，而木爲本，故曰樹蘭。其花如黄粟，盛於夏間，亦可以薰茗。

東方朔滑稽

《東方朔傳》有幸倡郭舍人，令朔射覆中之。武帝榜舍人，舍人不勝痛，呼號，而朔嘲焉，曰：「咄！口無毛，聲謷謷，尻益高。」舍人恚曰：「朔擅詆欺天子從官，當棄市。」帝問朔何故詆之，朔曰：「與爲隱耳。口無毛，狗竇也；聲謷謷，鳥哺鷇也；尻益高，鶴俛啄也。」獲免。余謂朔之初爲此語，實以詆欺舍人，非隱語也。舍人曰幸倡，必弄臣之流，口無毛者，少而無鬚也；聲謷謷，諂佞而取給也；尻益高者，淫交之態也，非詆欺而何？然即朔之假爲隱語，其詆欺更甚，以其無毛之口爲狗竇，以其仰食於人爲鷇之仰哺，以其俯首而求食爲鶴之俛啄，皆以鳥獸之類視之，而武帝與舍人不暇察耳。譏刺如此，非自託於滑稽，何以免於世哉？

木棉

余鄉多木棉。《集韻》綿作棉。樹高者至於十丈，其枝如桐葉、如胡桃葉而稍大，花如今之玉蘭花，紅如渥丹，一樹常數千枚，春夏放花，其紅燄燭天。花謝乃結子，剖之如酒匜，其殼堅硬，其中有絮皓白，故曰木棉。今名攀枝花。《吴録》云其絮如蠶所作者，非也。唐李琮詩「腥味魚中墨，衣裝木上棉」，則此棉亦可作衣絮，今止充裀褥而已。方勺《泊宅編》稱海南蠻人以此紡織爲布，布上出細字雜花卉，尤工巧，名曰吉貝布，即古白氎布也。氎音牒。第余鄉既未有以木棉爲布者，即詢之海南諸蠻，亦不知其制爲何似。或云曹溪六祖所傳信衣曰屈眴布，即白氎布，乃西域木棉心所織者。余嘗見之，實類褐，豈西域木棉與中土不同耶？（范政）「陳正」敏《遯齋閒覽》又云林邑等國出吉貝布，木棉爲之，不知六祖信衣即林邑等國所産否？陶九成《南村輟耕録》又云閩廣多種木棉，紡績爲布，名曰吉貝。松江東去五十里許曰烏泥涇，多種之。彼初無踏車椎弓之製，率用手刮去子，線弦竹弧置案間，振掉成劑，厥功甚艱。國初有一嫗名黃道婆者，自崖州來，乃教以紡織之具，至於錯紗配色、綜綫挈花，各有其法，以故織成被褥帶帨，文采甚巧。土人多以此致富者。嫗卒，土人祠焉。陶九成，元人也，世代尚近，其詳著如此。余嘗以詢之松江士夫，皆不知木棉爲何樹，吉貝爲何布。豈道婆者卒，其織造之法莫傳，故土人不復種藝此樹耶？據陶說，道婆崖州人，則《泊宅編》謂海南蠻人能爲此布，其言不誣。若六祖信衣果西域木棉心所織者，則其法當如秦洮間織褐，試倣其法以織木棉，便可成布，不必復求道婆遺法矣。閩中呼綿花爲吉貝，其聲稍轉爲家貝，或云非木棉也。林邑所産，疑即此物。又有山吉貝，不堪作布。

朱提銀

今人多稱白金爲朱提，非是。蜀之叙州府有朱提山，出銀。諸葛孔明有言：「漢嘉金，朱提銀，採之不足以自食。」若以銀爲朱提，亦可以金爲漢嘉乎？唐韓愈贈崔立之詩「我有雙飲盞，其銀得朱提」，亦非以銀即爲朱提也。

蜀漢不製樂

三國時魏最强，吴次之，而蜀爲最弱者，非獨其土地蹙也，蓋人才文物亦單陋焉。

即以禮樂考之，魏武帝常使魏襲製《鼓吹曲》十二章矣，吴孫休亦常使韋昭製《鼓吹曲》如魏之數矣，獨不聞蜀有製樂者，豈其時救亡之不給，而不暇及此耶？抑其人皆樂於軍旅，不能如二國之從容文物也？安得諸葛武侯起而問之？

分野

星次之説，古今卒無一定之論。費直以《易》卦配地域，蔡邕以節氣當國分，皇甫謐以月律配入辰次，僧一行以度爲紀，據河山以分其野，又或以古受封之日歲星所在爲王。彼亦是非，此亦一是非也。宋羅泌惟以九州之説爲正，然其説亦未能詳著於書，豈亦疑而未安耶？按《周禮》保章氏以星土辨九州之地，所封封域皆有分星，以觀妖祥。蓋以天象而占其地，特占法而已。儒者不考，星官不著，故凡言郡國之分野者，皆據成説而録之而不暇察，察之者又不能詳明，故諸説紛紛不一耳。今諸説不具辯，姑以《周禮》注疏辯之。賈公彦謂吴越地南而星北，蓋以國屬諸初受封之日歲星所直之辰，此不得其説而附會妄語也。周封太伯於吴，夏封無繹於越，豈同歲月乎？

况後之所謂吴越者不啻百倍，何以皆屬此星耶？秦雖罷封建，後之立君長者皆此例也，豈皆同此歲月乎？分野所屬，唯斗、牛、女之地極遠，星經謂每度計一千四百六里二十四步六寸四分有奇，似涉荒唐，但以日月薄蝕秒忽觀之，似亦可信。然其所謂里，乃以鳥道計之，非人跡屈曲之謂也，縱一大府，能當其一二度耶？故以某地當某宿，亦姑取其概耳。今撰郡邑志乘者，即區區一縣亦曰某分野，可笑矣。故元僧德儒於此致疑，而作《分野辨》，意謂天之經星二十八宿，皆屬中國分野而無餘，中國之外四方萬國豈無一星分耶？夫豈先中國而後及四方萬國耶？又豈别有一天星宿耶？德儒不得其説，欲下風膝行以扣儒衣冠而通天地人者。余嘗恨不得見許魯齋、耶律楚材諸公一明此説，妄意以今之占法擬之。蓋天道流行，其大無外，萬象異形而同體，三才異位而同神，故以占法變化之神妙，窺天人感應之徵驗，如吴越之災祥則應於斗牛之躔度，故以斗牛而占吴越，非謂吴越正在斗牛之下也。史家《天文志》曰「某地入某宿幾度」，而所記亦有不同，蓋當時占法亦異耳。如東方蒼龍、南方鶉尾，皆以昏中而言，豈曰東者常在東耶？各家占法不同，今以《易》占明之。《易》固非瑣瑣也，而曰京房，曰鬼谷，曰軌革之類，以第幾爻爲家宅，第幾爲牛馬，第幾爲舟車，各各取驗，正猶以某星占某地立此定格也。若德儒所論，中國萬國則同此一天星宿，而各國之占法自異，各取徵應耳。千古不決之疑，豈余之淺陋所能剖，第祈千慮一得，故姑識之以俟知者。

古樂之亡

古先聖王在位，皆作樂，皆有歌詩，惟至周始大備者，以代兼數代也。故古樂自《雲門》而下，必皆有歌，先聖王亦皆世世傳習，以遺後人，故周公得而用之耳。或者謂伏羲之《立基》，神農之《下謀》，祝融之《屬續》，顓頊之《五莖》，帝嚳之《六英》，周公棄而不用者，以其過於質也。余謂不然，蓋歲久制亡，不可復考，故不得而兼用之，即周公當時亦不能無遺憾者。有其存之，周公自當兼用，固不止監於二代矣。自漢高帝爲《武德》之舞，時雖參用《韶舞》，而更曰《文始》，武舞更曰《五德》，又因秦樂人以制宗廟樂詩，唐山夫人及武帝《宛馬》等篇出，而古聖人之制遂泯，故黄帝以下之詩於是併亡矣。夫公子完去陳時，虞《韶》猶不廢，即負擔流離之際，不敢失墜。漢興時，老師宿儒當有存者，於此時能訪求之，猶可存十一於千百。今秦既不師古，漢又因秦舊而不復求古，則古樂之亡固秦之罪，漢亦不得辭其責也。惜哉！

無逸之誤

祖甲賢，武丁欲廢其兄祖庚而立之，遂逃爲民，即《無逸》稱「享國三十三年」者是也。先儒見《史》、《國語》皆稱祖甲淫亂，遂改《無逸》之祖甲爲太甲。不信經而信史，惑矣。

周武王十三年伐紂

后稷封邰，子不窋失其官，竄戎狄間。不窋之孫曰公劉，復修后稷之業，遷於豳。商末，大王避狄遷岐，傳至王季，爲西伯，文王繼之，五十年武王立，十三年伐紂。《泰誓》云「十有三年春大會於孟津」是也。而《書序》乃以爲十一年矣，《記》亦稱十一年伐紂，二年訪箕子，與《洪範》「維十三祀」之數合。世因疑《泰誓》經文爲誤。漢儒又創言文王受命九年，武王二年伐商，通十一年。歐陽公著《泰誓論》，定爲即位之十一年，蓋因二年後方訪箕子也。按經文皆稱十三，而《武成》釋箕子即伐紂之歲，不在伐紂二年之後，當以經文十三年爲正。

河清酒

蘭溪河清酒，自宋元已有名，第其時已有甘滯不快之訾，見范成大《驂鸞録》矣。

在田之義

「見龍在田」，王弼注：「龍處於地上，故曰在田。」孔穎達曰：「六位有天道、地道、人道，一二地道也。九二是二，在一上，故以在田爲在地上也。」朱考亭作《本義》，亦未明言以田爲地。余謂古先聖人立文垂訓，字字的確。今不言在地而言在田，則在田自有在田之義，非止言在地也。以前諸儒亦有推廣者，言田之耕稼，利益萬物，猶若聖人利益萬物，故言在田也。此説得之。

古祀必卜

今郊祀蒸嘗之禮，皆遵古制而行，獨卜其吉凶則絶不講矣。愚謂他祭皆有定期，可以不卜，至於今之祈雨祈晴者即雩也，原無定期，獨不可倣古而卜乎？但古人龍見即雩，乃建巳之月，不待雨暘愆期而後舉之，蓋先已爲民祈禱，至於雨暘愆期之日，又復爲民祈禱也。今建巳之月大雩古禮亦不復行矣。

人奴

古之爲人奴者，必髡其髮，又以鐵束其頭以爲鉗，最困辱者。故趙王郎中田叔、孟舒自髡鉗爲王家奴，隨王入長安。是以漢初有詔：自賣爲人奴婢者，皆免，爲庶人。意免其髠與鉗也。若如今之爲奴婢者，亦猶庶人耳，何必免而後爲庶人哉？

不庭

《左傳》以征不庭，言不來在王庭者。《史記》「不庭」作「不享」，《索隱》曰：舊本《史記》作「不亭」，亭，直也，征不亭者，征諸侯之不直者也。是庭與亭古皆通用者，享字與亭字相似而訛耶？今人稱日午爲亭午，即直午之義，直午，正午也。

星隕如雨

《春秋》魯莊公七年「星隕如雨」，蓋星之隕如雨之降耳。杜預訓「如」作「而」，訓「偕」作「俱」，言星與雨俱下，此甚不通。既星與雨俱下，又是夜間，胡從而辨其爲星隕也？且《左傳》上言「恒星不見」，以爲夜明星隕，即是本夜，既云夜明，又安得有雨乎？

燒酒汎荔枝

余鄉噉荔枝，多以燒酒汎之，即製荔枝酒者亦以燒酒，蓋自唐已然矣。白樂天有詩曰：「荔枝新熟雞冠色，燒酒初開琥珀香。欲摘一枝傾一盞，西樓無客共誰嘗。」此一証也。

龍蛇歌

《龍蛇歌》，介子推作。《吕氏春秋》、司馬《史記》述之。而劉向《新序》俱載此歌，大同小異，而《説苑》又以爲舟之僑歌，何自相矛盾若是？乃知《新序》《説苑》未必盡出於劉向也。

爛柯

爛柯之説，人皆知爲奕者之事。《東陽記》：「信安縣有懸室坂，晉中朝時，有民王質者，伐木至室中，見童子四人彈琴而歌。質因倚柯聽之。童子以一物如棗核，與質含之，便不復饑。俄頃，童子（曰）〔令〕其歸[二]，承聲而去，斧柯爛盡。既歸，質去家已數十年矣。」一以爲觀奕，一以爲聽琴，當是一事而兩傳也。

盜跖

盜跖，人知爲柳下惠之弟，不知黃帝時先有大盜名跖者，後人因惠之弟爲惡，故以盜跖名之。今之菩薩觀世音，亦古佛有名觀世音者，因今之觀世音受記於古之觀世音，故亦以觀世音名之也。如秦越人曰扁鵲，亦軒轅時有神醫名扁鵲，秦越人能醫人，亦稱爲扁鵲耳。是柳下惠之弟及今之觀世音，皆別有名字也。

〔二〕據《太平御覽》卷九六五校改。

今隸

隸有古隸有今隸，今之楷書即今隸也。世言隸創於王次仲，又言創於程邈，皆秦世也。羅長源曰：宋時臨淄人有得齊胡公之銅棺，前和隱起，皆爲今隸。則隸書秦已前已有之矣。《水經注》亦云隸自出古，非始於秦。

藥箭

兩粵溪洞之蠻，以毒藥傅弩矢射人者，俗語曰綿藥。余初不解其義，及讀揚子《方言》，凡飲藥傅藥而毒，東齊海岱之間謂之眠，乃知綿藥當作眠藥也。

弱翰

揚子雲《答劉歆書》：「雄嘗把三寸弱翰筆，賫白素三尺，問異語。」此作《方言》也。余嘗疑既稱「弱翰」，又稱「筆」，是筆有名弱翰者，因悟今京師中寒沍，南來之筆多敗，京師有名水筆者，掾史家多用之，其毫甚弱，蘸一墨即可書數行，攜之出，第須飽墨，不必復蘸。子雲作《方言》時，正攜此筆以行，有得輒書，不復蘸墨者，即今水筆也。

馬汗血

嘗言汗血之馬，不知者謂出汗皆血。偶閱漢明帝《報東平王蒼書》，并遺宛馬一匹，中言「血從前髆上小孔中出」，因言武帝天馬霑赤汗，親見其然。余乃悟，凡血盛者筋力必强壯，善馬愈走而性愈躁疾，氣血愈怒張，必至横溢，故此所遺馬血從前髆小孔中出，則汗血之馬其血亦有從他出者，非謂遍體皆汗血也。

水利

五行之用皆以利民者，然金、火、木、土皆不言利，惟水獨言利者，何也？《易》

以利爲四德之一，凡卦之象川者，必言「利涉」。《書》陳六府，始於水，而三事亦稱「利用」，水之利大矣哉！

鱷魚

潮有鱷魚之害，世皆知爲韓昌黎所除，不知昌黎之後其害尚存。至宋咸平中，通判陳堯佐始計捕而獲之，鳴鼓於市，以文告於神而戮焉，其害始永絶。

吴復古

揭陽吴復古，每論出世法，以長生不死爲餘事，煉氣服食爲土苴。蘇東坡居惠時，嘗問以養生，復古以安與和答之。東坡南遷，往見之，無一言及得喪事，獨曰：「邯鄲之夢，猶足以破妄而歸真。今子目見而身履之，亦可以少悟矣。」若復古者，蓋有道之士哉！

漢劉熊碑

唐王建《題劉熊碑》有曰：「蒼苔滿字土埋龜，風雨消磨絶妙詞。不向圖經中舊見，無人知是蔡邕碑。」宋蘇邁書胡戢之語，謂此碑與劉文饒同，建詩爲不誣。余謂此碑固漢隸最佳者，然非中郎詞也。且其文有云「七葉勃然而興，咸居今而好古」，其詩則曰「有父子然後有君臣」，此何等語，而謂之絶妙詞乎？既非中郎之詞，又安得云中郎之筆？蓋東漢諸碑，流俗多以爲中郎筆，猶王子敬好書《洛神賦》，故世一有《洛神賦》，輒以爲子敬書耳。

夷齊考

《論語正義》引《春秋少陽篇》：伯夷姓墨名允，字公信，叔齊名致，或曰智，字公達。夷、齊者，謚也。伯、叔者，少長之稱也。《少陽篇》不知何人所著，其書已亡。一云父名初，字子朝，或曰即殷湯三月丙寅日所封者。孤竹，地名，産孤生之竹，可作管孤，或作觚。《地道記》：在肥如南二十里，秦爲離支縣，漢爲令支。春秋時齊桓公嘗至其地。今山海關北十里有孤竹君之墓在焉。《姓纂》：墨氏，即墨台氏，墨音眉，孤竹君之後。鄭樵亦從其説，遂以孤竹君爲姓墨名台。余按《國名記》，墨台即禹之師墨，一曰默怡，怡音台，炎帝之後，姜姓國也，則墨台又孤竹之先矣。《虞書》「伯夷降典析民」，注疏云姜姓，不知即此墨台氏否？則孤竹君之子伯夷也，《少陽》、《姓纂》、鄭樵皆誤矣。《山海經》又有伯夷父者，生西岳，爲氐羌所自出。郭璞注：伯夷父，顓頊師。亦不知與墨台氏同否？是古今名伯夷者凡四，世代綿邈，諸説混淆，竟莫可考。而以伯夷爲姓墨名台，余不敢安也。《孔叢子》注：孤竹君又有子名伯遼。周曇《詠史》詩注：伯當作仲，孤竹君之次子也。是孤竹君有三子。遼既是名，則夷齊又似名而非謚矣。近有陳繼儒者，宏博士也，撰《逸民史》行於世，顧不能詳夷、齊名氏。夫尚論其人而不知其名氏，可乎？抑亦有疑而闕乎？故詳著之以補其闕。

孔子姓氏

孔子宋人，宋襄公十一代孫也。本姓子氏。古者君之同姓有五服，親盡者必賜别姓，以爲公族，故襄公有五世孫曰父嘉者，賜姓孔氏，是以不復姓子，而孔氏之姓實出於此。父嘉於孔子爲六世祖，父嘉之父即正考父。父嘉之孫曰孔防叔，乃自宋奔魯，不仕，至其孫叔梁紇，始仕於魯，受采於鄹。古者必貴而後别爲氏，故叔梁紇得以王父之字爲氏。其氏曰叔者，孔防叔之叔也。第叔梁紇時，諸大夫皆世官，而孔子不復世父之官。此既不可曉，且貴而賜氏，子孫不復改者，孔子又不以父之氏爲氏，乃復以孔爲氏，此尤不可曉也。余按孔字从子从乙，子者，商之所以封也，乙者，玄鳥也，契之母吞玄鳥卵而生契，爲商之鼻祖。賜姓孔者，所以紹祥玄鳥也。今字書皆以孔爲嘉美之稱，以乙之生子爲嘉美，故鄭子孔名嘉，是孔父嘉亦若因字爲氏者。其説終屬强解。古者賜氏，或以地，或以官，或以謚，未聞有因其人之字，即以其字之義賜爲姓者。蓋後人因父嘉姓孔，子孔名嘉，故遂以孔爲嘉美義耳。

癰疽瘠環

萬章謂「孔子於衛主癰疽，於齊主侍人瘠環」。趙岐以癰疽爲癰疽之醫，瘠環者，瘠姓環名也。孔穎達曰：未詳其人，但以經文詳之，亦誠然也。朱考亭亦從其説。劉向説以癰疽爲雍睢。余按古文及諸字書，癰雍、疽睢原不相通，如向之説，是雍姓睢名，非癰疽之醫，而趙岐誤矣。至於以瘠爲姓，其説更誤。余按《姓譜》諸書，有姓痛者，有姓疾者，瘠之姓絶無，岐何所據以爲姓耶？余憶《左傳》有曰巫尫，因其尫而名之，非巫之名與姓也。瘠環者，名或謂環，其人瘠弱，故呼爲瘠環，如今人呼長者爲長某，小者爲小某之類是也。朱考亭注經亦傳訛如此。

王荆公不知詩

「池塘生春草，園柳變鳴禽。」靈運猝以景遇，備以成章，故常自稱此語得之神助。客有以此問王荆公：「不知此詩何以得名於後世？何以得罪於當時？」荆公曰：「池塘生春草，言王澤竭也。園柳變鳴禽，言物候變也。」當時以此服荆公之博，殊足一笑。以此論詩，則從古稱詩者何往而不得罪？荆公非惟不知靈運，亦不知詩矣。

精舍

「精舍」二字始見於《後漢・包咸傳》「咸往東海，立精舍教授」，是爲儒者設也。《姜肱傳》「盗就清廬求見」，注：清廬即精舍也。晉孝武帝奉佛，立静舍於内殿，引沙門居之，是佛家所居，當名静舍，惟吾儒乃得名精舍及清廬耳。《三國志》注《江表傳》：干吉來吴，立精舍，燒香讀道書，製作符水療病，則道家亦稱精舍矣。

老人子無影

老人子無影，説者謂子之腎囊下筋，謂之影，不知何所據。《朝野僉載》：柳州曹太年八十五，少妻生子，日中無影。《南史》張元始年九十七，生子無影。丙吉斷老人生子之獄，置羣兒日中，獨老人子無影，遂以决之。其説不虚，則影非腎囊下筋明甚。第今七八十老翁生子，其子於日中未嘗無影，豈皆非真骨血耶？一笑。

疑耀卷七

纂修恩賞

今制有「經筵頭、修書尾」之説，謂經筵初開，在事者俱被恩賞，若繼進者，不與也。修書之初無恩賞，書成進御，恩賞方行。然每修一書，常至十餘年始能完進，其中雖有纂修之勞，而先或物故及遷別官者，皆不追叙，惟據進書時見在諸臣恩賞及之而已。宋元祐間，祕書丞劉恕與修《資治通鑑》，及書成而恕先卒，恩賞亦不追叙。祕書少監劉攽等上言，乞依黃鑑、梅堯臣例官其一子，則特典也。今當事者能援劉恕故事建白行之，亦右文之一快乎？

看畫時知孤寒

宋文潞公當國時，有某甲官人者收得一名畫，如李成山水之類，某乙官人借去模一本送與文潞公。一日出示衆賓，某甲偶在坐，一見而笑曰：「得非某乙所獻乎？」潞公驚曰：「何以知之？」某甲曰：「真本乃某家所藏，數日前某乙嘗借去，恐其模一本以獻耳。」潞公驚甚，曰：「不知可以借來一觀乎？」某甲曰：「可。」遂命取來。潞公凝視兩本久之，曰：「畢竟某乙者是真。」衆賓亦相與和曰：「某乙者是真。」某甲更不作聲而退。明日有問之者，某甲嘆曰：「某於昨日論畫時，方知此身孤寒。」此話柄古今同之，不足訝也。

驢牽船

北地凡百可以代人力者，皆用騾驢。余嘗欲以驢牽船，然世未有見者，偶閲元《宋正獻公集》，有《驢牽船賦》，則在濁漳，非北地也。正獻廣陽人，名本，字誠夫。

醴

魯元王爲穆生設醴。《説文》一宿熟曰醴。今人罕得其法。元《宋正獻集》有

《鷄鳴酒賦》，序曰：將陵李懷德甫家善釀一宿酒，法以米三升，用水以椀計者倍，乃粥之，入麴八兩，酵半麴，以飴爲酵，殺四之一，加麥蘖少許，和之適宜，造於燈時，比曉熟矣。味甘且醇，劇飲不醉。豈即醴耶？

龍無髓

龍無髓，若有髓者，蛟也。元時有善墨名黑龍髓，謬甚。

不信夷齊扣馬

夷、齊扣馬事，千古未有致疑者，王安石獨不信，有詩云：「孟軻勸伐燕，伊尹干説亳。扣馬觸兵鋒，食牛要禄爵。少知羞不爲，况彼皆犖卓。史官蔽多聞，自古喜穿鑿。」此亦一説也，

穎師彈琴詩

韓昌黎《聽穎師彈琴》詩，歐陽文忠以語蘇東坡，謂爲琵琶語。而吴僧海者以善琴名，又謂此詩皆指下絲聲妙處，惟琴爲然也。若琵琶，則格上音豈能如此？而謂文忠未得琴趣，故妄爲譏評耳。余有亡妾善琴，亦善琵琶，嘗細按之，乃知文忠之言非謬，而僧海非精於琴也。琴乃雅樂，音主和平，若如昌黎詩，兒女相語忽變而戰士赴敵，又如柳絮輕浮，百鳥喧啾，上不分寸，失輒千丈，此等音調乃躁急之甚，豈琴音所宜有乎？至於結句淚滂滿衣，冰炭置腸，亦惟聽琵琶者或然，琴音和平，即能感人，亦不宜令人之至於悲而傷也。故據此詩，昌黎固非知音者，即穎師亦非善琴矣。

齋醮

齋與醮義異而事同，羽衣家鮮能辨之。《靈寶大法》引廣成曰：醮者，祭之别名也。牲牷血食謂之祭，蔬果精脩謂之醮。《河圖經品》：三洞之中，凡有二十四等醮，與齋法相類，并諸雜醮法，凡五十六門，以太上爲主，北斗爲宗。是三洞既有二十七等之齋，復有四十二等之醮也。後世乃謂靈寶立齋，正一有醮，乃於齋後散壇，改正一衔，易正一服，而後設醮，謬矣。夫醮三洞皆有之，况散壇之醮乃齋事告終，酬謝真靈耳，豈宜改衔易服别作一式乎？

婦人在軍中

自古出師未有婦人偕行者，故杜工部有「婦人在軍中，兵氣恐不揚」之句。庚子山《奉報趙王出師在道賜詩》之作，乃云「錦車同建節，魚軒異泊營。軍中女子氣，塞外夫人城」，是趙王宅眷皆在軍中矣。

磁　器

《宣和格古論》：古人稱磁器，皆曰某窑器、某窑器，不稱磁也，惟河南彰德府磁州窑器乃稱磁耳。今不問何窑所製，而凡瓦器俱稱磁，誤矣。

視草之義

古人稱視草者，謂視天子所草也。古者詔令多天子自爲之，特令詞臣立於其側，以視所草何如耳。故漢武帝詔淮南王，令司馬相如視草，非令相如代筆也。今典制誥者皆代天子筆，非視草之義，而稱視草，不亦謬乎？

眼鏡

閩廣之間有製眼鏡者，老人目翳，以懸目中，則毫髮立覩。古無其製，獨劉跂《暇日記》中載杜和叔鞫獄，取水晶十數種以入，初不喻其意，既出，乃知案牘故暗者，水晶承日以照，其文立見。此眼鏡之所由製乎？

不合時宜

東坡一日退朝食罷，捫腹徐行，顧謂侍兒曰：「汝輩且道是中有何物？」一婢遽曰：「都是文章。」坡不以爲然。又一婢曰：「滿腹都是識見。」坡亦不以爲然。至朝雲，乃曰：「學士一肚皮不合時宜樣子。」坡乃捧腹大笑。余謂朝雲之言即前兩人之意也，古今不合時宜者，孰有出於文章、識見乎？若無文章，無識見，又何不合時宜之有？

皮船椽矢

宋太祖爲周殿前都虞候時，率兵圍壽州，嘗乘皮船入壽春，不知皮船之制何似。又壽春城上發連弩射之，矢大如椽，不知其弩之大亦何似。

絹易首級

宋太祖謂遼人精兵不過十萬，欲以二十匹絹購遼人一首，計用二百萬匹絹，則遼人可盡。今制，首虜一級，賞銀五十兩，是重於二十匹絹。然歲費四百餘萬金，往往不能易一首級，何也？

王勃千歲曆

王勃以推步自名，作《大唐千歲曆》。其言五行之運，以土王者五十代一千年，以金王者四十九代九百年，水王者二十代六百年，木王者三十代八百年，火王者二十代七百年。夫五行相禪，豈有參差？若土德獨長，或亦分旺之説，而水德獨短，何也？勃或有見，惜其書已亡，不得而詰耳。

赫胥氏

古有赫胥氏，一曰赫蘇氏，古蘇、胥通，傳謂赫然之德爲人胥附，故云。是胥爲共義。又云胥者，胥史之意，謂隆名不居，而以胥史自況也。未知孰是。

曷字辯

曷从曰从匃，曰者辭也，匃者聲也，無義。葛天氏之幣，葛字从土从冃，冃乃古之合字，即爲聲也。曷與堨同，所謂田堨。田堨土事，古人曷多作。又《説文》：葛，蓋也，與鶡皆音蓋。《集韻》：蓋，覆也，居曷切。蓋、曷、盍三字古通，故曷旦作盍旦。渴、碣本从盍，堨、碣一从蓋，轞、礚、嗑一皆从葛，世不知爾。

李虛中以疽死

今之祿命家言云「子平」者，其説始於唐殿中侍御史李虛中也。第虛中以服水銀疽發背死，不知其曾自推算否。

九還

北斗一日一夜一周天，天降地騰，從寅至申爲七返，却到坤處爲九還，此宋張景之説也。天地且不可無還返之説，況於人乎？故養神者先養氣，氣先養腦，腦先養精，精先養血，血先養水。

天門開

宋王文正公旦，幼時見天門中開，其中有公姓名。龐莊敏籍帥延安日，中夜恍惚見天象成文，云「龐某後十年作相當以仁佐天下」凡十［有三］字[一]。余初以爲誕，

[一] 據《曲洧舊聞》卷九補。

及余師趙文懿公嘗謂余言：丁卯歲在齋屋中，忽見天門開，上有金甲神人現形數刻。因呼同窗者出視之，皆不見，惟公獨見也。次年即登第，後果大拜。乃知王、龐二公之事不誣。

在齊聞韶

子在齊聞《韶》，曰「不圖爲樂之至於斯」，言不圖以帝王之樂而作於諸侯之國也，蓋有悲心焉。「三月不知肉味」者，悲之至也。此亦八佾歌《雍》「奚取於三家之堂」意。

孔子不言樂

夏、殷之禮，子能言之，而不及樂。鯉趨過庭，訊以學禮，亦不及樂。豈以禮具而樂即存耶？夫古樂之亡久矣，即孔子亦無得而聞也。若告顏子爲邦，而終之以《韶舞》，則於齊嘗聞《韶》，惟顔子或足以知之耳。

譜系之學

氏族譜系之學，我朝廢而不講，即講之亦必不能精，自昔已然矣。如賀氏楚出，而慶亦爲賀；來本郲後，而來纖亦爲來；孔氏宋後，而孔達出於衛，孔張出於鄭，陳又有孔寧，齊又有孔虺；孫氏晉出，而一出於商，一出於衛，漢荀卿又曰孫。楚、宋皆有司馬，楚、衛皆著子南。周、楚之王孫既異於衛，秦、宋之王臣復别於楚。諸國之分，侯姓三代之殊，王氏不可勝數矣。至於後世，兵火饑疫，離析流亡，又有違諱、避仇、隨母、假養、寄冒之類紛然雜出，如之何考之？

封禪

封禪自古有之，聖門絶不言及者，管仲曰「惟受命之君乃可行」，是一代始一行之也。又須考瑞崇德，故商有天下六百年，惟行於湯；周有天下八百年，惟行於成王。孔子之時，天命未改，故不必講求也。第六經之中亦未有論及封禪者，惟見於《大戴禮》，嘗以爲疑。先儒謂舜類上帝及柴燔岱宗，皆封禪也。然既曰「一代一行」，則柴燔岱宗之事乃五載，且更舉矣，即以之爲封禪，所不敢安。

能耐通

古「耐」字多作「能」。能、耐古通用而義各有在，《史》、《漢》《高紀》「耐以上請之」是也。耐者，去煩毫而不至髡，故耐亦音耏，後人耐辱、耐久，假借以書之爾。若以能忍爲耐，自有鼂《策》「能寒能暑」之例，《楚辭》《荀子》皆以能讀如耐是也。

老始學詩

昔人有年過五十始學爲詩，竟以詩名者。杜少陵平生之詩千四百五篇，斷自《贈韋左丞二十二韻》爲始，以年譜考之，亦且四十餘矣。贈韋之作，追憶少年壯遊之詩，歷述往昔，遠比曹、楊，近交崔、魏，然其盛年之詩未有傳者，夔州以後益老矣。黄魯直八歲有送人赴舉詩，云「送君歸去玉帝前，若問舊時黄庭堅，謫在人間今八年」，晚年竟自删去，不收集中。余不能詩，幸今猶未五十，再三年乃學詩未晚也，第恐玩愒歲月耳。

禮部韻

《禮部韻略》初僅九千五百九十字，續降六十有五字，分爲五聲二百六韻，其間通用、獨用各别，若欣淳、覃咸音相近而不同韻者多矣。至於冬東、魚虞、清青、語麌、御遇、勁徑、錫昔，以字母推之，宜可同韻，豈不得附於先仙、覃談通古之例，何乃隔别而不許通押耶？麻韻從奢以後，馬韻從寫以後，禡韻從藉以後，雅音别之，宜當小異，豈不得用歌戈、哿果、鄰韻之例，又何其纖悉於他韻，而濶略於此也？况變隸已久，字文猥多，知音罕逢，反切易舛，韻家正如聚訟。自唐人《釋文》音韻行世，而士不知古音久矣。

易爲小石

《易傳》：《説卦》「艮爲山，爲小石」，他卦别無爲大石者，豈《説卦》有脱簡耶？以意度之，宜曰「爲大、小石」。二陰在下，小石也，一陽在上，大石也。是故「介於石」，互艮也；「漸於磐」，内艮也。《本義》曰：磐大石，艮何止爲小石，亦爲大石矣。《易》中凡言石，皆主艮，惟「困於石」不主艮，遇兑之下剛也。故《皇極經世》少剛爲土石，土石同根，在先天爲《巽》《坎》，故土依於石，而石依於土。辰石相薄，在先天爲《震》《巽》，故辰爲之聲，則石爲之音。石之少剛與星之少陽同物，故石在天則爲星，而星在地則爲石，氣類然也。

五經皆有韻

《曲禮》以「安民哉」叶思、辭，以「將入户」叶下，以「將即席」叶怍，皆古音也。如《中庸》、《樂記》、《禮運》、《閒居》，其間韻語更多。夫《易》、《書》、《禮記》本不必韻而猶有韻，則《詩》宜無有不韻者，何以《周頌》之韻多不叶，而《清廟》、《維天之命》乃通篇無韻？然則所謂詩者，豈曰韻語而已。蓋古詩字音句律皆天然中節，漢儒以後乃以訓詁求詩，徒説其義，不通其音。試思「三百篇」皆可絃可歌，後人泛作樂章，每有不中絃歌之節者，不知音故也。

四民

古之爲民者四，儒與吏皆士也。《周禮》六卿之官最爲親民，而獨無府史胥徒，不知誰爲之吏。竊意興賢出長，興能入治，即所興之賢能爲之吏也。故經文亟稱「鄉吏」「群吏」，此時儒無非吏、吏無非儒耳。

古琴

經典琴、瑟并言，《魯論》三言瑟而不言琴，何也？宋時郊廟之樂，其琴以宮絃之中徽定黃鐘，引上一徽即大呂，商、角、徵、羽亦自中徽引上，每徽一律，以與瑟合，是古之琴不可聞矣。余意必不如今人之弄手取聲也。新調淫聲，瑣韻揉勢，余名之曰琴之異端。

火鈴

道家有火鈴之説。鈴，金也，火鈴言火與金也。本出儒書，道家竊其緒耳。《河圖》之爲《洛書》也，二七合乎南者，四九乘之；四九合乎西者，二七乘之，圖體而書用也。五五天數，從横十五，則金火易位矣。五六地數，縱横十八，則水土易位矣。聖人不言地數，但以天數二十有五著於《洛書》者，金火入用之妙在焉。水中有火，故甚雨必電，電之下爲火光，火中有金，故震電必霆，霆之末爲聲。《度人經》言「擲火流鈴」，《黃庭》言「火兵符圖」，又言「火鈴冠霄」。人身中各有金火，天丁流金，火鈴非外索於鬼神也。天以金火行，人以金火生，用於祈禳，容有是理？然其學以神霄爲宗，此林靈素之幻妄也。第以政和之崇尚，竟致炎運之中否，火反克火，曾不能救玉帝之子以長生、青華之君，况後數百年，猶望其有靈乎？

祀孔子之始

自古之學，必先釋奠於先聖先師。釋《禮記》者謂詩、書、禮、樂各有師，若夔龍、伯夷、周、孔，皆先聖先師也。故蜀殿畫繪古聖賢，其所祀者不止一孔子。至唐開元二十七年始專祀孔子，而以其門人爲配，凡今州郡通祀社稷、孔子，承開元之制也。自古仲春、季秋入學合樂，取斗建日躔，卯戌合氣，以合樂也。唐始定春秋二仲上丁，至宋政和四年太學雅樂成，凡今釋奠用樂，承政和之制也。

曾點鼓瑟

曾點浴沂之事，或是前時群浴，因言志，或是想像寓言，非真浴也。若前時群浴，此時對師誇説，似非答問之禮。若託興寓言，無乃荒誕，於師友之前是狂者，又一不讓也。宋熊朋來善鼓瑟，嘗作《瑟譜》，自言嘗倚瑟三誦，覺得春入沂歸猶帶韻語，當是所鼓之瑟曲如此，時曲終道語及之，亦是一說。曾點非有意安排求異三子者，三子言異日行志，曾點説當時瑟曲，聖人喟嘆與點，亦以瑟之曲也。古者瑟有歌、有語、有道，道者，古人瑟歌之餘，以其曲道説一遍，故曰道，如賦家之有亂也。故朋來云然，不是真浴沂，亦不是寓言也。

乞墦

《孟子》「乞墦章」，先儒疑章首有闕。余意不但闕「孟子曰」三字而已。嘗合上章誦之，因思七篇中别無「瞷」字，此二章以「瞷夫子」「瞷良人」洊言之，當出於一時也。竊意儲子更有問答，若曰「人皆可爲堯舜而不得爲者，何也」，遂及乞燔事。《韻釋》瞷與觀皆視也。因齊婦之瞷，言君子之觀。君子存之，則堯舜與同，庶民去之，則妻妾不羞。其分路處有相關者，因知二章未必同。余以兩「瞷」字疑其同，蓋自君子觀之，則知齊人所以不得爲堯舜矣。

石介七十喪未葬

宋石介自言，石氏自周漢已來，至於宋百餘祀，自高曾以降至於七世孫，有七十喪，皆未改葬，遂以書干王舍人君貺，須五十萬。書云「先人没禄賜絶」，故不免於凍餒。不知先人存日，禄賜不乏，不以改葬七十喪，何也？世之緩葬者固不少，然亦未有自高曾而下七十喪之衆皆不葬者，豈拘於堪輿之説耶？其云不改葬者，假葬也。古有假葬三年即吉之條，晉郄詵母亡，便於北堂壁間下棺，謂之假葬，三年遂即吉，衞瓘以其不應除服而議之。介既云七十喪未改葬，則祖喪亦在其中，而先人乃仕宦如彼，豈不應除服之議不行於宋耶？介賢者，余偶讀其書，不能釋然也。

帝王之後皆蠻夷

閲諸傳記，古帝王之後多爲蠻夷戎狄。巴人出於伏羲，玄氏羌、九州戎出於炎帝，諸蠻髦民、党項、安息出於黄帝，白民、防風、驩兜、三饒出於帝鴻，淮夷、允夷、鳩蓼、羣舒出於少昊，昆吾、滇濮、歐閩、駱越出於高陽，東胡、儋人、暴輿、吐渾出於高辛，匈奴、突厥、没鹿、無餘出於夏后。夫中國姓氏譜系且不可據，而謂蠻夷戎狄皆系於帝王，其可信乎？昔元魏自謂蒼林之後，慕容自謂厭越之後，赫連自謂伯禹之後，亦猶安禄山自謂昌意後耳。古帝王有知，能不髮指？

文天祥考

陶宗儀《輟耕録》：元至元間，文丞相天祥有子，出爲郡教授，行數驛，不病而卒，士人皆以詩悼焉。閩士翁某者有曰：「地下脩文同父子，人間讀史各君臣。」蓋誚之也。余不以爲然，子即不肖，亦豈肯忘父事讐耶？元人見丞相不屈於元，故誣以子復事元耳。及按《宋史》，丞相僅一子，景炎三年，丞相屯軍麗江浦時，軍中疫起，子與母皆死於麗江，是丞相無子。又按丞相集中紀年，及丞相集杜句諸詩，丞相有二子。與丞相母曾夫人俱以疫死麗江者十三歲，名道生，歐陽夫人出也；次名佛生，則黄夫人所出，景炎二年空坑之敗，黄夫人携之以竄，遂失所在。故集杜句第一百四十三章小序「佛生已死」，第一百四十九章小序曰「吾有二子」，是丞相之子又似止有道生、佛生，皆物故矣。丞相因燕京於辛巳年正月元日，嘗爲書以付男陞，則弟璧之子，丞相撫以爲嗣者也。宗儀所誣事元者，豈即陞耶？丞相被誅，陞既襄大事，且廬墓三年矣，非不肖者，豈復事元乎？若是，則丞相未嘗無子，特非丞相所出耳。《宋史》即謂丞相無子者，丞相雖死，而興復宋室一念，目猶不瞑。撰《宋史》者元人也，恐丞相後人有欲爲伍員者，故曰丞相無子，以絶人望耳。蓋隨丞相守余惠州而以城降元者，璧也。父既不忠，子即事元，理或有之。然丞相《家傳》又曰丞相有二弟，曰璧、曰璋，皆亡元仁宗在潛邸，嘗聞陞名，召見之，及即位，官以集賢直學士。乞歸得代，於南海道卒，乃官其子富爲興文署丞。是陞果嘗事元，而云乞歸，或亦良心時露耳。第至元至仁宗凡隔四十餘年，既云至元間出爲教授不病而卒矣，又安得至仁宗朝復官集賢學士耶？甚矣宗儀之謬也。嗚呼！璧之以城降於元也，元主呼璧曰：「是能孝順我，若璧者亦難爲兄矣。」《宋史》既不欲詳丞相後事，近代《吉安郡志》傳丞相者亦復草草，而丞相被執時即余鄉五坡嶺，麗江亦余鄉歸善地也。余數四往來，輒低徊不能去。偶閱《輟耕録》，故詳著焉。

宮詞

《古今宮詞》唐王仲初建一百篇，宋王禹玉珪六十七篇，蜀花蕊夫人九十八篇，宋寧宗楊后五十篇，此世所共傳也。宋元豐初，有宦者王紳效仲初，亦作宮詞百篇，則世無傳焉。偶於他書得其二篇，《太皇皇太后生日詩》云：「太皇生日最尊榮，獻壽宮中未五更。天子捧觴仍再拜，寶慈侍立到天明。」《太后幸景靈宮駕前露面雙童女詩》：「平明綵仗幸琳宮，紫府仙童下九重。整頓瓏璁時駐馬，畫工暗地畫真容。」二詩亦有思致。其餘必多有可觀者，豈以其出於奄豎輩故不傳耶？第古今此輩能文者絕少，安可以人廢言也？「寶慈」二字《宋史》不載，當是皇太后宮名。雙童女露面，則當時從幸女侍皆帕覆首也，此亦宋制，諸書未詳者。

禹錫玄圭

《禹貢》：「禹錫玄圭，告厥成功。」《書傳》直言堯賜玄圭。此於錫字固當，但正文明言禹錫而解之以堯賜，不相背乎？故蔡沈又謂錫與「師錫」之錫同，言禹以玄圭爲贄而告成功於舜也，是於正文不背，但沈於《堯典》「師錫」則從《書傳》「錫，與也」。禹告成功時尚爲人臣，而以玄圭贄見於君，可稱與乎？按《爾雅》，錫，賜也。是錫止爲上賜下之義。若如沈説，以禹錫玄圭爲錫於堯，亦猶端木賜之字子貢也。以貢爲賜，以錫爲贄，終屬强解。宋儒熊朋來謂五經惟《尚書》最難讀，以古文、今文既異，且壁藏歲遠，殘闕既多，伏生口授，不無訛舛。余謂「禹錫玄圭」之語，上下必有闕誤。《書傳》既失，蔡沈亦未爲得也。

郭公

《春秋》書「郭公」，胡安國以爲「郭亡」，本於齊桓公「郭何故亡」之語。邢延舉謂《春秋》中所書昔無今有者，皆以爲災，如「有蜮」「有蜚」之類是也，遂以《本草》所載鳥名布穀者江東呼爲郭公，疑此郭公爲如書蜮、書蜚之類，謂「昔無郭公，而今始有之，故書也」，亦太鑿矣。古今傳疑不可曉者，即孔子且闕之，後學何必强爲之説？

顔謝優劣

昔人皆以顔、謝并稱，至今宗之。余謂顔不及謝，非止一塵。謝詩奇拔，意多在言外，即鮑明遠「初日芙蓉」之喻，亦止言其色澤耳，未足以盡謝之妙處。若顔，則一以組織爲工，間作老學究口吻，無論全集，即昭明所選顔詩，已不及謝詩多矣。

漢高祖尊母不尊父

漢高祖得天下之五年二月，即皇帝位，先封高后曰皇后，子曰皇太子，亦追尊其母曰昭靈夫人。婦爲后，母爲夫人，豈當時禮制尚未暇講耶？時太公乃遺而不封，已不可解。七年春正月，又封劉賈及兄喜暨弟交之子肥諸人爲王。三月，復趣趨丞相差次大小功臣封之，而太公復未議封，即羣臣亦無一言及之，何也？逮帝五日一朝太公，家令説太公擁篲郤行，帝乃大驚，始下詔曰：「諸王、通侯、將軍、羣卿、大夫已尊朕爲皇帝，而太公未有號。今尊太公曰太上皇帝。」是帝爲天子已七年，而太公尚爲庶人也。至九年，置酒未央宫，帝奉玉卮爲太上皇壽，乃曰：「始大人以臣亡賴，不能如仲治産，今所就孰與仲多？」羣臣皆大笑。噫！太公之七年爲庶人也，帝得無宿怨乎？亦大異矣。後十年，太上皇帝崩，雖令諸侯國皆立太上皇廟，亦何益哉？更可異者，太上皇之號，秦始皇以封秦莊襄也，以死者之封封生者，季不讀書，信乎！

九州考

《禹貢》九州雍、梁、荆、豫、徐、揚、冀、青、兖。《周禮·夏官·職方氏》之九州，則無徐、梁而加幽、并。《漢·地理志》謂監二代，改徐、梁二州合於雍、青，分冀爲幽、并。《爾雅》亦以并爲營。故先儒謂《禹貢》之九州乃唐制，而禹因之也。余按《真源賦》伏羲别九宫因置九州，《法語》亦曰伏羲作八卦分九州，《周公職録》

又曰黄帝受命，風后受圖，割地布九州，則九州又非始於唐，而先儒誤矣。余意九州斷非始於夏商，特九州之名至禹而始定耳。第未知伏羲、黄帝時九州之名與夏、周同否。

誅少正卯

孔子攝相事七日，即誅少正卯，此固去惡欲速之意，然亦以其非真相也，特攝之耳，其不待八日九日者，安知八日不遭逐而九日不失位乎？七日之内，萬一女樂至，則吞舟終漏網矣。此七日而誅少正卯，非失於欲速也，蓋有深意也。

郭汾陽二十四考辨

郭汾陽二十四考書中書，余嘗思之，不得其説。汾陽以天寳八載始爲左衛大將軍，至德宗建中二年卒於官，壽八十五，其在事僅三十有五年耳。及爲中書令，乃德宗即位建中元年也。是爲中書令未滿二年，安得有二十四考耶？今《汾陽傳》明言「以身係安危二十年，校中書考二十有四」，此何謂也？因閱《唐書·職官志》，凡入仕之後，遷代則以四考爲限，此武德初年所定考叙之制，然亦未著若干年爲一考。又閱《唐考功令》，百司之長，歲較其屬，凡有四善，四善之外有二十七最。疑二十四考即二十四最，而汾陽所居官又止與「兵士調習，戎裝充備，爲督領之最；賞罰嚴明，攻戰必克，爲將帥之最」二條相合耳，且未嘗爲人屬吏也，其非二十四最可知。況中宗朝盧懷慎疏，凡百官在任，未經四考，不許遷除。玄宗二十五年詔：考課官人，三年一奏，永爲定式；二十七年赦文亦云「三載考績」，歷肅至德，守而未變。其云歲終之課，正如今外官季報年報之考語，非大計之考也。故汾陽當時亦三年一考無疑。如二十四考則爲七十二年，是汾陽十三歲即入仕也。史傳固未言汾陽若干歲入仕，其斷非十三歲明矣。或者又以考功員外郎李渤議歲終考校宰相而下升黜之名，第其時以宰相段文昌爲下考，則一年一考，汾陽在事三十五年，故亦得二十四考耳。余又按李渤爲考功員外，乃憲宗元和二年，則汾陽捐館久矣。余臆斷之，汾陽有大功，與諸臣不同，豈其或行師，或出鎮，每有一功，即爲一考耶？其云「校中書考」者，亦每一考即紀録於中書省云耳，非以居中書而考也。考古君子，幸是正之。

薛居正子婦

張齊賢亦宋之名相也，故相薛居正子婦柴氏，無子，欲攜貲産改適齊賢，而爲居正庶子安上者訴於真宗，既足掩口矣。安上不肖，真宗著令不得貿其居第，而向敏中則貿之，於是柴氏憾安上，并憾敏中，亦訴於真宗，謂敏中嘗求娶己不許，故陰芘安上。此一嫠婦也，而兩相君皆欲娶之，豈以貲聞，抑以色重耶？

漢書古本

今世所行《史記》《漢書》，未必皆舊本也。宋仁宗朝，詔胡瑗定雅樂。益州鄉貢士房庶嘗著《樂書補亡》，云嘗得古本《漢志》，論黄鍾起數脱去「之起積一千二百黍」八字，則古本《漢書》與今世所行者不盡同矣。

墨

今世有新都方建元者爲《墨譜》，又有程君房《墨苑》，皆行於世。其中所裒集皆一時名公筆也，然未有能詳墨之所自始者。上古無墨，以竹挺點漆而書。中古有黑石，可磨汁以書，或云即延安石液也。晉陸雲《與兄機書》曰「三臺上藏石墨數十萬斤」，不知即此石否。第又云「燒此消可用，然烟中人不知」，又疑此石燒之爲燼乃成墨，非磨汁即成墨也。魏晉間始有墨丸，則以漆燒烟和松煤爲之。晉之後乃有螺子墨，但陸雲送石墨與兄機，已云「今送二螺」，則墨之名螺，自晉已然，特未製之爲螺也。名之曰螺，亦是丸子猶未製之爲片也。故米元章《畫史》謂晉人多用凹心硯，正以磨墨丸貯墨瀋耳。至唐初，高麗歲貢松烟墨，用多年老松燒烟，和鹿角膠爲片，與魏晉間墨丸以漆燒烟而不用膠者異矣。唐末，墨工奚廷邽乃倣其法，然亦止用烟膠。宋熙豐間有張遇者，供御墨，始用油烟，入腦麝金箔，謂之龍香劑，其法遂至今不改。世第知廷邽之墨入水不渝，而不知其法蓋出於高麗也。與張遇同時者，又有葉茂實，最得法，清黑不凝。余故表而出之，以補《墨譜》之闕。

璽印

古者天子未有璽，璽之一字，始見於《周禮》之「九節」有「璽節」也。鄭康成謂即今印章，止用之貨賄而已。節所以合之，而璽所以封之也。然掌之者小行人，非天子也。《左傳》季武子取卞，使公冶問，襄公璽書追而與之。諸侯有璽始此。故秦以前民皆佩璽，金、玉、銀、銅、犀、象皆方寸，各佩所好。至秦，惟天子始得稱璽，諸侯而下皆不得言璽而曰印。丞相、將軍曰章，中二千石亦曰章，千石、六百石、四百石亦曰印，是章與印一也，皆古之璽也。而天子言璽，蓋自秦始也。然皆以組繫而佩之。余嘗見漢銅印，匾而方，大僅一寸許，紐中有圓竅以容組。按《古今考》方回曰：「印之背即謂鼻紐，印之面即印文，篆鐫字，空處爲竅，而以組穿之」，是組又不穿於鼻紐也，豈用時即解去其組，而用訖復穿以組耶？然余見漢印甚多，未有於篆文空處作孔以穿組者，不知方回之説何所據。又古者百官印皆佩於腰，故曰「丈二之組」。《南部新書》三十四司部官印，悉納直廳，每郎官交印時，吏人繫之於臂以相授。繫腰繫臂，所以皆謂之佩也。楊虞卿爲吏部員外郎，始置匱加鎖以貯之。蓋以今之印重而大，既非腰與臂所宜，非貯之於匱，蓋不便矣。是印之有匱，自宋始也。若今之印有牌，以稽出入，有胥吏主之，在宋謂之印司，則今之印牌，亦自宋已然也。

不施其親

《論語》「君子不施其親」，何晏以施爲易，言不以他人之親易已之親也。邢昺從之。《開元五經文字》以施爲廢弛，故陸氏本作弛，朱考亭從之。余按諸子書施，皆爲殺而肆之，故《内則》「施羊」「施麋」「施鹿」「施麕」，《左傳》秦施冀芮、晉施邢侯與叔魚於市，《山海經》「殺而施之」，《晉語》「從欒氏者大戮施」，《莊子》「萇弘胣」，胣即施也，《史記》施陳餘。周公首戒伯禽以「不施其親」者，正謂親者不可殺也，親而可殺，是於所厚者薄，則無所不薄矣，又何有於賢士大夫。故秦二世之殘骨肉，晉朝之戕宗室，賢士大夫尚可仕其朝耶？《微子》一篇皆論出處，大致而以「周公謂伯禽章」次於中，其亦九經以親親繼尊賢之意乎？

商之後獨盛於夏周

《舜典》所稱伯禹以下二十有二人，而禹之功最大，故踵舜以興，身有天下矣。稷養契教，功亦不在禹下，而於天下未能身有之，惟子孫始繼世光大焉。稷之後爲成周，天地文明萃於一代，契之後亦數生聖賢，而商之賢君比夏與周又再多者，何也？開闢以來，未有性命之説，至湯始言降衷恒性也，其萬世道學之祖乎？故不獨能身有天下，即其後王若大戊、盤庚、武丁，皆能著書立言，雖凌遲之末，猶有三仁焉。微子宜有商而避之，弗父何宜有宋而又避之，至孔父嘉乃别爲公族，而受氏五世之後，復生聖人，爲萬世帝王之師。是二十二人之中，契之明德，豈夏與周所能及乎？

几

古者室中度以几，故古人以几名室者，以諸器制度惟几有考工之遺法也。今稱方丈、函丈，即此意。君子朝與燕坐，則設几而不敢倚，几之義重矣哉。故丹書之銘，誦訓之諫，曰「無即安於几」，禮也。

黄山谷不言命

黄山谷道機禪觀，皆臻其妙，獨不言命。其詩文爲星命家作者絶少。其與趙言、柳彦輔兩人，一方士，一日者，僅見於外集遺文而已。觀其誌非熊之墓，慨嘆夫命之不可恃，日者之不可憑，猶曰此爲非熊嘆耳。若其《答林爲之》，有曰「由命非由拙」，而《放言》亦云「廢興宜有命」，乃知君子不可不知命，罕言之可也。

梧桐自生

鳳，鶉火之禽；桐，大火之精。梧桐嘗以三星見而放葉，火西流而落葉，鳳非梧不棲，以陽從陽也。一説，凡燒餘赭黔之土，心星照之，則梧桐自生，是梧桐乃自生之物，非待於種也。故《詩》曰「梧桐生矣」，用字不苟如此。

書經今文古文

六經自《易》而外，惟《尚書》最古，亦惟《尚書》最難讀。自孟子已不能盡信，而況焚滅之餘，口授壁藏，僅有存者。科斗隸古，文字屢更，今所讀者，皆今字也，能與古文盡合乎？然《古文尚書》未必古，《今文尚書》未必非古。至若典謨分合不同，則不能無疑耳。能取《舜典》二十八字删去乎？《洪範》《康誥》《梓材》諸篇，未免錯簡，《多士》《多方》，先後失次，能以《集傳》《武成》之例而改定乎？亦右文之世所當講也。

拆字法

《易卦》雖先聖之書，而於後世小術亦相同者。宋人胡易鑑者，能以《易卦》拆字知吉凶，於「咸其輔頰舌」得癸丑狀元，於「臀無膚」得丁未探花，蓋字文臀即尻也，殿諧其聲，乃以無膚去肉爲殿頭之祥，而以卦爻第三知其名次，以拆字法也。易鑑嘗有《易説》行於世，必有可觀者，惜今不傳矣。

石介不能書

偶友人持宋人真蹟相過賞鑒者，中有石介行書二十餘字，其遒勁不減蘇、黄、米、蔡諸公。余嗟賞久之。蘇、黄、米、蔡真蹟在世不乏，石公此蹟真鳳尾麟角矣。偶閲《徂徠集》，歐陽永叔嘗以書與介，言介字怪而且異，古今皆無，天下非之。介復永叔書，言「自幼學書至於壯，積二十年，訖無所成。且不能自寫一刺，必倩能者。或時急要文字，必奔走鄰里，祈請於人」，則介不工書明甚。又云「屑屑致意於數寸枯竹，半握秃毫，將以取高於人，特六藝之一耳。善如鍾、王，妙如虞、柳，不過在君人左右供事圖寫，近乎執技以事上者」。此皆强辯以解説其無能者也。前友人所藏爲僞蹟益明矣。

疑耀原序

萬曆己亥歲，卓吾先生《藏書》出，一時士大夫翕然醉心，無論通邑大都，即窮鄉僻壤，凡操觚染翰之流，靡不争購，殆急於水火菽粟也已。既而《焚書》《説書》《易因》諸刻種種漸次播傳海内，愈出愈奇，不啻長安紙貴。僉謂先生著述無遺矣，曩余在青衿時，嚮慕先生當代羽儀，負笈數千里，修謁先生之門，庶幾幸拾咳唾。不謂甫再見，遂倒中郎之屣。及侍函丈有日，廼褎一編見示，屬以訂正。初矍然懼，既躍然喜，私念曰：余果有當於先生者耶？及門者多矣，胡不他屬而我屬也？再拜而受。至於莊誦竟業，廼見上遡黄虞，近該昭代，大而經史，細及禆官，四始之宗，三倉之學，禮樂畢踪，經綸咸貫，拯二氏之沈冥，覺九流之迷妄，名物辨其異同，輿論正其毁譽，攄獨得之見，决千載之疑，猗歟盛哉！所謂探賾索隱，窮理盡性，無過是編矣。卷心七篇，倣子輿氏，題曰《疑耀》，若以莊叟自居，此先生之謙也。余向以爲枕中之寶，然輕傳之而終秘之，均非先生授書意也。戊申歲，余叨以地官分務吴會，視事之暇，檢之笥中，登梓以廣其傳。余知是編之行也，王充之《論衡》讓其確，應劭之《風俗通》讓其典，班固之《白虎通》讓其辨，蔡邕之《獨斷》讓其閎，其他諸子瑣猥勦襲，徒足以騁談資，於實際蓋茫然已，豈能窺先生之藩籬耶？雖然，非特超軼古人已也，即先生《藏書》諸集，或專揚確古今，或專研精訓詁，至求上下骨徹，天人會通，亦當以是編爲首出云。張萱序。

伍崇曜跋

右《疑耀》七卷，明博羅張萱孟奇撰。按先生事蹟具見各通志及《楚庭稗珠録》等書。是書舊題閩李贄撰，王漁洋《古夫于亭雜録》、屈翁山《新語》辨之已詳。《四庫提要》著録是書，復歷指其謬，改題先生名。今循覽之，仍有各書所未及糾者。如《噴嚏》一條云『今嶺外人噴嚏，亦或呼曰大吉利市』，《餘甘子》一條云『正余里中所呼油柑子也』，均作嶺外人語。贄，閩人也。又如《禱夢》一條云『余庚子請告南歸』，《風流罪過》一條云『余居京師止是乞俸寫書』，贄固未嘗仕也。至如《骨肉相關》一條則云『衰慈八十，膝下止萱一兒，宦遠禄微』，使贄讀之，當有啞然失笑者，贄即庸妄，恐未至此。《新語》云坊刻，殆不誣矣。嶺外久無刻本，十年前，玉生廣文曾代購得查氏聽雨樓藏本，仍題贄名，而缺第六、第七兩卷。丙申南歸，從浙中文瀾閣借鈔足本，端居多暇，互校而重刻之，録《西園存稿》内新序一首，以弁於其端，而焦、黄兩序則不可考矣。勝國山人，夜郎自大，久已傳爲笑柄，王伯穀亦所不免。

先生謂欲爲撰序，忽忽未應，宜其不無餘憾。即如是書内《林逋》一條云『今之自稱山人者又何以文爲』，殆咄咄逼人，然謂百穀之書此序專爲脩郄而然，仍未敢盡信，序與書皆贗作耳。又沈景倩《野獲編》謂先生試内閣司誥敕中書官，首揆趙蘭溪與胡元瑞密戚深交，面許必得。乃先生豫聲言：『胡倘見收，當嗾言官并首揆彈治之。』故胡託病不試，而先生得之。然是書内《司馬温公之貧》一條，其推挹趙蘭溪者甚至，沈氏所紀，殆傳聞之誤。且以先生之高致，早歸林下，日以鉛槧爲事者，而顧出此伎倆乎哉？嶺外著撰之富，惟丘仲深、黄才伯可與抗衡，而《西園存稿》而外，即《聞見録》亦僅存鈔本，則是書殆亦吉光片羽矣。乙巳小雪令節，後學伍崇曜謹跋。

稀見筆記叢刊

已出版

獪園　［明］錢希言　著
鬼董　［宋］佚　名　著　夜航船　［清］破額山人　著
妄妄録　［清］朱　海　著
古禾雜識　［清］項映薇　著　鐙窗瑣話　［清］于　源　著
續耳譚　［明］劉忭等　仝撰
集異新抄　［明］佚　名　著　［清］李振青　抄　高辛硯齋雜著　［清］俞鳳翰　撰
翼駉稗編　［清］湯用中　著
簷廊瑣記　［清］王守毅　著
風世類編　［明］程時用　撰　闇然堂類纂　［明］潘士藻　撰
新鐫金像評釋古今清談萬選　［明］泰華山人　編選
疑耀　［明］張　萱　撰
退庵隨筆　［清］梁章鉅　編

即將出版

在野邇言　［清］王嘉楨　著　薰蕕并載　［清］佚　名　著
述異記　［清］東軒主人　撰　鸝砭軒質言　［清］戴蓮芬　撰
魏塘紀勝・續　［清］曹廷棟　著　東畬雜記　附　幽湖百詠　［清］沈廷瑞　著　鴛鴦湖小志　［民國］陶元鏞　輯
見聞隨筆　見聞續筆　［清］齊學裘　撰
仙媛紀事　［明］楊爾曾　輯